『中国之治』解码

ZHONGGUOZHIZHI JIEMA

《『中国之治』解码》编写组◎编

新华出版社

图书在版编目（CIP）数据

“中国之治”解码 /《“中国之治”解码》编写组编.
-- 北京：新华出版社, 2019.11（2025.2重印）
ISBN 978-7-5166-4961-9

Ⅰ. ①中…　Ⅱ. ①中…　Ⅲ. ①国家－行政管理－现代化管理－中国－文集　Ⅳ. ①D630.1-53

中国版本图书馆CIP数据核字(2019)第248204号

“中国之治”解码

编　　者：《“中国之治”解码》编写组

选题策划：梁相斌　许　新　　**封面设计：**刘宝龙
责任编辑：赵怀志　祝玉婷

出版发行：新华出版社
地　　址：北京石景山区京原路8号　　**邮　　编：**100040
网　　址：http://www.xinhuapub.com
经　　销：新华书店、新华出版社天猫旗舰店、京东旗舰店及各大网店
购书热线：010－63077122　　**中国新闻书店购书热线：**010－63072012

照　　排：六合方圆
印　　刷：大厂回族自治县众邦印务有限公司

成品尺寸：170mm × 240mm
印　　张：15.5　　**字　　数：**190千字
版　　次：2019年12月第一版　　**印　　次：**2025年2月第二次印刷

书　　号：ISBN　978-7-5166-4961-9
定　　价：46.00元

关于《中共中央关于坚持和完善中国特色社会主义制度　推进国家治理体系和治理能力现代化若干重大问题的决定》的说明

习近平

受中央政治局委托，我就《中共中央关于坚持和完善中国特色社会主义制度、推进国家治理体系和治理能力现代化若干重大问题的决定》起草情况向全会作说明。

一、决定稿起草背景和考虑

我们刚刚庆祝了中华人民共和国成立70周年。新中国70年取得的历史性成就充分证明，中国特色社会主义制度是当代中国发展进步的根本保证。从党和国家事业发展的全局和长远出发，中央政治局决定这次中央全会专题研究坚持和完善中国特色社会主义制度、推进国家治理体系和治理能力现代化问题，主要有以下几方面考虑。

第一，这是实现“两个一百年”奋斗目标的重大任务。建设社会主义现代化国家、实现中华民族伟大复兴，是我们党孜孜以求的宏伟目标。自成立以来，我们党就团结带领人民为此进行了不懈奋斗。随着改革开放逐步深化，我们党对制度建设的认识越来越深入。

1980 年，邓小平同志在总结“文化大革命”的教训时就指出：“领导制度、组织制度问题更带有根本性、全局性、稳定性和长期性。”“制度好可以使坏人无法任意横行，制度不好可以使好人无法充分做好事，甚至会走向反面。”1992 年，邓小平同志在南方谈话中说：“恐怕再有三十年的时间，我们才会在各方面形成一整套更加成熟、更加定型的制度。”党的十四大提出：“在九十年代，我们要初步建立起新的经济体制，实现达到小康水平的第二步发展目标。再经过二十年的努力，到建党一百周年的时候，我们将在各方面形成一整套更加成熟更加定型的制度。”党的十五大、十六大、十七大都对制度建设提出明确要求。

党的十八大以来，我们党把制度建设摆到更加突出的位置，强调“全面建成小康社会，必须以更大的政治勇气和智慧，不失时机深化重要领域改革，坚决破除一切妨碍科学发展的思想观念和体制机制弊端，构建系统完备、科学规范、运行有效的制度体系，使各方面制度更加成熟更加定型”。党的十八届三中全会首次提出“推进国家治理体系和治理能力现代化”这个重大命题，并把“完善和发展中国特色社会主义制度、推进国家治理体系和治理能力现代化”确定为全面深化改革的总目标。党的十八届五中全会进一步强调，“十三五”时期要实现“各方面制度更加成熟更加定型，国家治理体系和治理能力现代化取得重大进展，各领域基础性制度体系基本形成”。

党的十九大作出到本世纪中叶把我国建成富强民主文明和谐美丽的社会主义现代化强国的战略安排，其中制度建设和治理能力建设的目标是：到 2035 年，“各方面制度更加完善，国家治理体系和治理能力现代化基本实现”；到本世纪中叶，“实现国家治理体系和治理能力现代化”。党的十九届二中、三中全会分别就修改宪法和深化党和国家机构改革作出部署，在制度建设和治理能力建设上迈出了新的重大步伐。党的十九届三中全会指出："我们党要更好领导人民进行伟大斗争、建设伟大工程、推进伟大事业、实现伟大梦想，必须加快推进国家治理体系和治理能力现代化，努力形成更加成熟更加定型的中国特色社会主义制度。这是摆在我们党面前的一项重大任务。"现在，我们党有必要对坚持和完善中国特色社会主义制度、推进国家治理体系和治理能力现代化进行系统总结，提出与时俱进完善和发展的前进方向和工作要求。

第二，这是把新时代改革开放推向前进的根本要求。在改革开放40多年历程中，党的十一届三中全会是划时代的，开启了改革开放和社会主义现代化建设历史新时期；党的十八届三中全会也是划时代的，开启了全面深化改革、系统整体设计推进改革的新时代，开创了我国改革开放的新局面。党的十八届三中全会推出336项重大改革举措。经过5年多的努力，重要领域和关键环节改革成效显著，主要领域基础性制度体系基本形成，为推进国家治理体系和治理能力现代化打下了坚实基础。同时，也要看到，这些改革举措有的尚未完成，有的甚至需要相当长的时间去落实，我们已经啃下了不少硬骨头但还有许多硬骨头要啃，我们攻克了不少难关但还有许多难关要攻克，我们决不能停下脚步，决不能有松口气、歇歇脚的想法。我在庆祝改革开放40周年大会上强调，要"坚持方向不变、道路不偏、力度不减，推动新时代改革开放走得更稳、走得更远"。这就要求从全面建设社会主义现代化国家的战略需要出发，对全面深化改革工作进一步作出部署。

相比过去，新时代改革开放具有许多新的内涵和特点，其中很重要的一点就是制度建设分量更重，改革更多面对的是深层次体制机制问题，对改革顶层设计的要求更高，对改革的系统性、整体性、协同性要求更强，相应地建章立制、构建体系的任务更重。新时代谋划全面深化改革，必须以坚持和完善中国特色社会主义制度、推进国家治理体系和治理能力现代化为主轴，深刻把握我国发展要求和时代潮流，把制度建设和治理能力建设摆到更加突出的位置，继续深化各领域各方面体制机制改革，推动各方面制度更加成熟更加定型，推进国家治理体系和治理能力现代化。

第三，这是应对风险挑战、赢得主动的有力保证。古人讲，“天下之势不盛则衰，天下之治不进则退”。当今世界正经历百年未有之大变局，国际形势复杂多变，改革发展稳定、内政外交国防、治党治国治军各方面任务之繁重前所未有，我们面临的风险挑战之严峻前所未有。这些风险挑战，有的来自国内，有的来自国际，有的来自经济社会领域，有的来自自然界。我们要打赢防范化解重大风险攻坚战，必须坚持和完善中国特色社会主义制度、推进国家治理体系和治理能力现代化，运用制度威力应对风险挑战的冲击。

基于上述考虑，今年 2 月 28 日、3 月 29 日，中央政治局常委会、中央政治局先后召开会议，决定党的十九届四中全会专题研究坚持和完善中国特色社会主义制度、推进国家治理体系和治理能力现代化问题，并决定成立文件起草组，在中央政治局常委会领导下进行文件起草工作。

二、起草过程

今年 4 月 3 日，文件起草组召开第一次全体会议，文件起草工作正式启动。4 月 7 日，党中央发出通知，就全会议题征求各地区各部门意见和建议。各方面共反馈意见 109 份，大家就坚持和完善中国特色社会主义制度、推进国家治理体系和治理能力现代化的重大成就和历史经验、必须坚持的重大原则和根本制度、基本制度、重要制度以及面临的主要问题和重大任务、需要采取的重要举措等提出了不少有价值的意见和建议。

各方面认为，在庆祝中华人民共和国成立70周年之际，党的十九届四中全会重点研究坚持和完善中国特色社会主义制度、推进国家治理体系和治理能力现代化问题并作出决定，体现了党中央高瞻远瞩的战略眼光和强烈的历史担当，对决胜全面建成小康社会、全面建设社会主义现代化国家，对巩固党的执政地位、确保党和国家长治久安，具有重大而深远的意义。

文件起草组成立6个多月来，认真研读相关重要文献，系统总结我国革命、建设、改革进程中的制度演变、制度创新，特别是深入总结党的十八大以来党中央领导全党全国人民坚持和完善中国特色社会主义制度，推进国家治理体系和治理能力现代化取得的重大理论成果、实践成果、制度成果，整理消化各方面反馈的意见和建议，开展专题研究，反复讨论修改决定稿。

根据中央政治局会议决定，9月初，决定征求意见稿下发党内一定范围征求意见，包括征求部分党内老同志意见。各方面认真组织学习讨论，各地区各部门共反馈意见118份。9月25日，我主持召开党外人士座谈会，当面听取了各民主党派中央、全国工商联负责人和无党派人士意见，与会同志提交了10份发言材料。

文件起草组对收到的所有意见和建议进行了认真整理。经汇总，各方面共提出修改意见1948条，扣除重复意见后为1755条，其中原则性意见380条，具体修改意见1375条。

从征求意见反馈情况看，各方面对决定稿给予充分肯定。大家一致认为，决定稿准确把握我国国家制度和国家治理体系的演进方向和规律，突出坚持和完善党的领导制度，抓住了国家治理的关键和根本；突出守正创新、开拓进取，彰显了中国特色社会主义制度自信；突出系统集成、协同高效，体现了强烈的问题导向和鲜明的实践特色。决定稿回答了“坚持和巩固什么、完善和发展什么”这个重大政治问题，既阐明了必须牢牢坚持的重大制度和原则，又部署了推进制度建设的重大任务和举措，坚持根本制度、基本制度、重要制度相衔接，统筹顶层设计和分层对接，统筹制度改革和制度运行，体现了总结历史和面向未来的统一、保持定力和改革创新的统一、问题导向和目标导向的统一，必将对推动各方面制度更加成熟更加定型、把我国制度优势更好转化为国家治理效能产生重大而深远的影响。

在征求意见过程中，各方面提出了许多好的意见和建议，主要有以下几个方面。一是建议在概括出的我国国家制度和国家治理体系的显著优势中，增写全面深化改革、全面依法治国的内容。二是建议对完善科技制度加以突出强调，以充分发挥科技创新引领作用。三是建议更加重视保障粮食安全、乡村振兴、农业农村优先发展等重要制度安排。四是建议更加重视运用人工智能、互联网、大数据等现代信息技术手段提升治理能力和治理现代化水平。五是建议围绕坚持党管干部原则，就完善干部管理制度、激励干部担当作为和狠抓落实、培养干部斗争精神和斗争本领提出要求。六是建议加强我国国家制度和国家治理体系的理论研究和宣传教育。七是建议把贯彻落实这次全会精神同推动党的十八大以来党中央部署的各项改革任务紧密结合起来，形成一体推动、一体落实的整体部署和工作机制。

党中央责成文件起草组认真研究和吸纳各方面意见和建议。文件起草组逐条分析各方面所提意见和建议，力求做到能吸收的尽量吸收。经反复研究推敲，对决定稿作出增写、改写、文字精简283处，覆盖各方面意见和建议436条。

决定稿起草期间，中央政治局常委会召开3次会议，中央政治局召开2次会议进行审议，形成了提交这次全会审议的决定稿。

三、决定稿的基本框架

决定稿总体考虑是，紧扣“坚持和完善中国特色社会主义制度、推进国家治理体系和治理能力现代化”这个主题，从党的十九大确立的战略目标和重大任务出发，着眼于坚持和巩固中国特色社会主义制度、确保党长期执政和国家长治久安，着眼于完善和发展中国特色社会主义制度、全面建设社会主义现代化国家，着眼于充分发挥中国特色社会主义制度优越性、推进国家治理体系和治理能力现代化，全面总结党领导人民在我国国家制度建设和国家治理方面取得的成就、积累的经验、形成的原则，重点阐述坚持和完善支撑中国特色社会主义制度的根本制度、基本制度、重要制度，部署需要深化的重大体制机制改革、需要推进的重点工作任务。

决定稿由15部分构成，分为三大板块。第一板块为第一部分，是总论，主要阐述中国特色社会主义制度和国家治理体系发展的历史性成就、显著优势，提出新时代坚持和完善中国特色社会主义制度、推进国家治理体系和治理能力现代化的重大意义和总体要求。第二板块为分论，聚焦坚持和完善支撑中国特色社会主义制度的根本制度、基本制度、重要制度，安排了13个部分，明确了各项制度必须坚持和巩固的根本点、完善和发展的方向，并作出工作部署。第三板块为第十五部分和结束语，主要就加强党对坚持和完善中国特色社会主义制度、推进国家治理体系和治理能力现代化的领导提出要求。

希望同志们深刻领会党中央精神，紧紧围绕“坚持和巩固什么、完善和发展什么”进行讨论，提出建设性的修改意见和建议，共同把这次全会开好。

（新华社北京 2019 年 11 月 5 日电）

目 录
CONTENTS

下 篇
“中国之制”的成功实践

中共中央关于坚持和完善中国特色社会主义制度推进国家治理体系和治理能力现代化若干重大问题的决定

（2019 年 10 月 31 日中国共产党第十九届中央委员会第四次全体会议通过）

为贯彻落实党的十九大精神，十九届中央委员会第四次全体会议着重研究了坚持和完善中国特色社会主义制度、推进国家治理体系和治理能力现代化的若干重大问题，作出如下决定。

一、坚持和完善中国特色社会主义制度、推进国家治理体系和治理能力现代化的重大意义和总体要求

中国特色社会主义制度是党和人民在长期实践探索中形成的科学制度体系，我国国家治理一切工作和活动都依照中国特色社会主义制度展开，我国国家治理体系和治理能力是中国特色社会主义制度及其执行能力的集中体现。

中国共产党自成立以来，团结带领人民，坚持把马克思主义基本原理同中国具体实际相结合，赢得了中国革命胜利，并深刻总结国内外正反两方面经验，不断探索实践，不断改革创新，建立和完善社会主义制度，形成和发展党的领导和经济、政治、文化、社会、生态文明、军事、外事等各方面制度，加强和完善国家治理，取得历史性成就。党的十八大以来，我们党领导人民

统筹推进“五位一体”总体布局、协调推进“四个全面”战略布局，推动中国特色社会主义制度更加完善、国家治理体系和治理能力现代化水平明显提高，为政治稳定、经济发展、文化繁荣、民族团结、人民幸福、社会安宁、国家统一提供了有力保障。

新中国成立七十年来，我们党领导人民创造了世所罕见的经济快速发展奇迹和社会长期稳定奇迹，中华民族迎来了从站起来、富起来到强起来的伟大飞跃。实践证明，中国特色社会主义制度和国家治理体系是以马克思主义为指导、植根中国大地、具有深厚中华文化根基、深得人民拥护的制度和治理体系，是具有强大生命力和巨大优越性的制度和治理体系，是能够持续推动拥有近十四亿人口大国进步和发展、确保拥有五千多年文明史的中华民族实现“两个一百年”奋斗目标进而实现伟大复兴的制度和治理体系。

我国国家制度和国家治理体系具有多方面的显著优势，主要是：坚持党的集中统一领导，坚持党的科学理论，保持政治稳定，确保国家始终沿着社会主义方向前进的显著优势；坚持人民当家作主，发展人民民主，密切联系群众，紧紧依靠人民推动国家发展的显著优势；坚持全面依法治国，建设社会主义法治国家，切实保障社会公平正义和人民权利的显著优势；坚持全国一盘棋，调动各方面积极性，集中力量办大事的显著优势；坚持各民族一律平等，铸牢中华民族共同体意识，实现共同团结奋斗、共同繁荣发展的显著优势；坚持公有制为主体、多种所有制经济共同发展和按劳分配为主体、多种分配方式并存，把社会主义制度和市场经济有机结合起来，不断解放和发展社会生产力的显著优势；坚持共同的理想信念、价值理念、道德观念，弘扬中华优秀传统文化、革命文化、社会主义先进文化，促进全体人民在思想上精神上紧紧团结在一起的显著优势；坚持以人民为中心的发展思想，不断保障和改善民生、增进人民福祉，走共同富裕道路的显著优势；坚持改革创新、与时俱进，善于自我完善、自我发展，使社会始终充满生机活力的显著优势；坚持德才兼备、选贤任能，聚天下英才而用之，培养造就更多更优秀人才的显著优势；坚持党指挥枪，确保人民军队绝对忠诚于党和人民，有力保障国家主权、安全、发展利益的显著优势；坚持“一国两制”，保持香港、澳门长期繁荣稳定，促进祖国和平统一的显著优势；坚持独立自主和对外开放相统一，积极参与全球治理，为构建人类命运共同体不断作出贡献的显著优势。这些显著优势，是我们坚定中国特色社会主义道路自信、理论自信、制度自信、文化自信的基本依据。

当今世界正经历百年未有之大变局，我国正处于实现中华民族伟大复兴关键时期。顺应时代潮流，适应我国社会主要矛盾变化，统揽伟大斗争、伟大工程、伟大事业、伟大梦想，不断满足人民对美好生活新期待，战胜前进道路上的各种风险挑战，必须在坚持和完善中国特色社会主义制度、推进国家治理体系和治理能力现代化上下更大功夫。

必须坚持以马克思列宁主义、毛泽东思想、邓小平理论、“三个代表”重要思想、科学发展观、习近平新时代中国特色社会主义思想为指导，增强“四个意识”，坚定“四个自信”，做到“两个维护”，坚持党的领导、人民当家作主、依法治国有机统一，坚持解放思想、实事求是，坚持改革创新，突出坚持和完善支撑中国特色社会主义制度的根本制度、基本制度、重要制度，着力固根基、扬优势、补短板、强弱项，构建系统完备、科学规范、运行有效的制度体系，加强系统治理、依法治理、综合治理、源头治理，把我国制度优势更好转化为国家治理效能，为实现“两个一百年”奋斗目标、实现中华民族伟大复兴的中国梦提供有力保证。

坚持和完善中国特色社会主义制度、推进国家治理体系和治理能力现代化的总体目标是，到我们党成立一百年时，在各方面制度更加成熟更加定型上取得明显成效；到 2035 年，各方面制度更加完善，基本实现国家治理体系和治理能力现代化；到新中国成立一百年时，全面实现国家治理体系和治理能力现代化，使中国特色社会主义制度更加巩固、优越性充分展现。

二、坚持和完善党的领导制度体系，提高党科学执政、民主执政、依法执政水平

中国共产党领导是中国特色社会主义最本质的特征，是中国特色社会主义制度的最大优势，党是最高政治领导力量。必须坚持党政军民学、东西南北中，党是领导一切的，坚决维护党中央权威，健全总揽全局、协调各方的党的领导制度体系，把党的领导落实到国家治理各领域各方面各环节。

（一）建立不忘初心、牢记使命的制度。确保全党遵守党章，恪守党的性质和宗旨，坚持用共产主义远大理想和中国特色社会主义共同理想凝聚全党、团结人民，用习近平新时代中国特色社会主义思想武装全党、教育人民、指导工作，夯实党执政的思想基础。把不忘初心、牢记使命作为加强党的建设的永恒课题和全体党员、干部的终身课题，形成长效机制，坚持不懈锤炼党员、干部忠诚干净担当的政治品格。全面贯彻党的基本理论、基本路线、基本方略，持续推进党的理论创新、实践创新、制度创新，使一切工作顺应时代潮流、符合发展规律、体现人民愿望，确保党始终走在时代前列、得到人民衷心拥护。

（二）完善坚定维护党中央权威和集中统一领导的各项制度。推动全党增强“四个意识”、坚定“四个自信”、做到“两个维护”，自觉在思想上政治上行动上同以习近平同志为核心的党中央保持高度一致，坚决把维护习近平总书记党中央的核心、全党的核心地位落到实处。健全党中央对重大工作的领导体制，强化党中央决策议事协调机构职能作用，完善推动党中央重大决策落实机制，严格执行向党中央请示报告制度，确保令行禁止。健全维护党的集中统一的组织制度，形成党的中央组织、地方组织、基层组织上下贯通、执行有力的严密体系，实现党的组织和党的工作全覆盖。

（三）健全党的全面领导制度。完善党领导人大、政府、政协、监察机关、审判机关、检察机关、武装力量、人民团体、企事业单位、基层群众自治组织、社会组织等制度，健全各级党委（党组）工作制度，确保党在各种组织中发挥领导作用。完善党领导各项事业的具体制度，把党的领导落实到统筹推进“五

位一体”总体布局、协调推进“四个全面”战略布局各方面。完善党和国家机构职能体系，把党的领导贯彻到党和国家所有机构履行职责全过程，推动各方面协调行动、增强合力。

（四）健全为人民执政、靠人民执政各项制度。坚持立党为公、执政为民，保持党同人民群众的血肉联系，把尊重民意、汇集民智、凝聚民力、改善民生贯穿党治国理政全部工作之中，巩固党执政的阶级基础，厚植党执政的群众基础，通过完善制度保证人民在国家治理中的主体地位，着力防范脱离群众的危险。贯彻党的群众路线，完善党员、干部联系群众制度，创新互联网时代群众工作机制，始终做到为了群众、相信群众、依靠群众、引领群众，深入群众、深入基层。健全联系广泛、服务群众的群团工作体系，推动人民团体增强政治性、先进性、群众性，把各自联系的群众紧紧团结在党的周围。

（五）健全提高党的执政能力和领导水平制度。坚持民主集中制，完善发展党内民主和实行正确集中的相关制度，提高党把方向、谋大局、定政策、促改革的能力。健全决策机制，加强重大决策的调查研究、科学论证、风险评估，强化决策执行、评估、监督。改进党的领导方式和执政方式，增强各级党组织政治功能和组织力。完善担当作为的激励机制，促进各级领导干部增强学习本领、政治领导本领、改革创新本领、科学发展本领、依法执政本领、群众工作本领、狠抓落实本领、驾驭风险本领，发扬斗争精神，增强斗争本领。

（六）完善全面从严治党制度。坚持党要管党、全面从严治党，增强忧患意识，不断推进党的自我革命，永葆党的先进性和纯洁性。贯彻新时代党的建设总要求，深化党的建设制度改革，坚持依规治党，建立健全以党的政治建设为统领，全面推进党的各方面建设的体制机制。坚持新时代党的组织路线，健全党管干部、选贤任能制度。规范党内政治生活，严明政治纪律和政治规矩，发展积极健康的党内政治文化，全面净化党内政治生态。完善和落实全面从严治党责任制度。坚决同一切影响党的先进性、弱化党的纯洁性的问题作斗争，大力纠治形式主义、官僚主义，不断增强党的创造力、凝聚力、战斗力，确保党始终成为中国特色社会主义事业的坚强领导核心。

三、坚持和完善人民当家作主制度体系，发展社会主义民主政治

我国是工人阶级领导的、以工农联盟为基础的人民民主专政的社会主义国家，国家的一切权力属于人民。必须坚持人民主体地位，坚定不移走中国特色社会主义政治发展道路，健全民主制度，丰富民主形式，拓宽民主渠道，依法实行民主选举、民主协商、民主决策、民主管理、民主监督，使各方面制度和国家治理更好体现人民意志、保障人民权益、激发人民创造，确保人民依法通过各种途径和形式管理国家事务，管理经济文化事业，管理社会事务。

（一）坚持和完善人民代表大会制度这一根本政治制度。人民行使国家权力的机关是全国人民代表大会和地方各级人民代表大会。支持和保证人民通过人民代表大会行使国家权力，保证各级人大都由民主选举产生、对人民负责、受人民监督，保证各级国家机关都由人大产生、对人大负责、受人大监督。支持和保证人大及其常委会依法行使职权，健全人大对“一府一委两院”监督制度。密切人大代表同人民群众的联系，健全代表联络机制，更好发挥人大代表作用。健全人大组织制度、选举制度和议事规则，完善论证、评估、评议、听证制度。适当增加基层人大代表数量。加强地方人大及其常委会建设。

（二）坚持和完善中国共产党领导的多党合作和政治协商制度。贯彻长期共存、互相监督、肝胆相照、荣辱与共的方针，加强中国特色社会主义政党制度建设，健全相互监督特别是中国共产党自觉接受监督、对重大决策部署贯彻落实情况实施专项监督等机制，完善民主党派中央直接向中共中央提出建议制度，完善支持民主党派和无党派人士履行职能方法，展现我国新型政党制度优势。发挥人民政协作为政治组织和民主形式的效能，提高政治协商、民主监督、参政议政水平，更好凝聚共识。完善人民政协专门协商机构制度，丰富协商形式，健全协商规则，优化界别设置，健全发扬民主和增进团结相互贯通、建言资政和凝聚共识双向发力的程序机制。

坚持社会主义协商民主的独特优势，统筹推进政党协商、人大协商、政府协商、政协协商、人民团体协商、基层协商以及社会组织协商，构建程序合理、

环节完整的协商民主体系，完善协商于决策之前和决策实施之中的落实机制，丰富有事好商量、众人的事情由众人商量的制度化实践。

（三）巩固和发展最广泛的爱国统一战线。坚持大统战工作格局，坚持一致性和多样性统一，完善照顾同盟者利益政策，做好民族工作和宗教工作，健全党外代表人士队伍建设制度，凝聚港澳同胞、台湾同胞、海外侨胞力量，谋求最大公约数，画出最大同心圆，促进政党关系、民族关系、宗教关系、阶层关系、海内外同胞关系和谐。

（四）坚持和完善民族区域自治制度。坚定不移走中国特色解决民族问题的正确道路，坚持各民族一律平等，坚持各民族共同团结奋斗、共同繁荣发展，保证民族自治地方依法行使自治权，保障少数民族合法权益，巩固和发展平等团结互助和谐的社会主义民族关系。坚持不懈开展马克思主义祖国观、民族观、文化观、历史观宣传教育，打牢中华民族共同体思想基础。全面深入持久开展民族团结进步创建，加强各民族交往交流交融。支持和帮助民族地区加快发展，不断提高各族群众生活水平。

（五）健全充满活力的基层群众自治制度。健全基层党组织领导的基层群众自治机制，在城乡社区治理、基层公共事务和公益事业中广泛实行群众自我管理、自我服务、自我教育、自我监督，拓宽人民群众反映意见和建议的渠道，着力推进基层直接民主制度化、规范化、程序化。全心全意依靠工人阶级，健全以职工代表大会为基本形式的企事业单位民主管理制度，探索企业职工参与管理的有效方式，保障职工群众的知情权、参与权、表达权、监督权，维护职工合法权益。

四、坚持和完善中国特色社会主义法治体系，提高党依法治国、依法执政能力

建设中国特色社会主义法治体系、建设社会主义法治国家是坚持和发展中国特色社会主义的内在要求。必须坚定不移走中国特色社会主义法治道路，

全面推进依法治国，坚持依法治国、依法执政、依法行政共同推进，坚持法治国家、法治政府、法治社会一体建设，加快形成完备的法律规范体系、高效的法治实施体系、严密的法治监督体系、有力的法治保障体系，加快形成完善的党内法规体系，全面推进科学立法、严格执法、公正司法、全民守法，推进法治中国建设。

（一）健全保证宪法全面实施的体制机制。依法治国首先要坚持依宪治国，依法执政首先要坚持依宪执政。加强宪法实施和监督，落实宪法解释程序机制，推进合宪性审查工作，加强备案审查制度和能力建设，依法撤销和纠正违宪违法的规范性文件。坚持宪法法律至上，健全法律面前人人平等保障机制，维护国家法制统一、尊严、权威，一切违反宪法法律的行为都必须予以追究。

（二）完善立法体制机制。坚持科学立法、民主立法、依法立法，完善党委领导、人大主导、政府依托、各方参与的立法工作格局，立改废释并举，不断提高立法质量和效率。完善以宪法为核心的中国特色社会主义法律体系，加强重要领域立法，加快我国法域外适用的法律体系建设，以良法保障善治。

（三）健全社会公平正义法治保障制度。坚持法治建设为了人民、依靠人民，加强人权法治保障，保证人民依法享有广泛的权利和自由、承担应尽的义务，引导全体人民做社会主义法治的忠实崇尚者、自觉遵守者、坚定捍卫者。坚持有法必依、执法必严、违法必究，严格规范公正文明执法，规范执法自由裁量权，加大关系群众切身利益的重点领域执法力度。深化司法体制综合配套改革，完善审判制度、检察制度，全面落实司法责任制，完善律师制度，加强对司法活动的监督，确保司法公正高效权威，努力让人民群众在每一个司法案件中感受到公平正义。

（四）加强对法律实施的监督。保证行政权、监察权、审判权、检察权得到依法正确行使，保证公民、法人和其他组织合法权益得到切实保障，坚决排除对执法司法活动的干预。拓展公益诉讼案件范围。加大对严重违法行为处罚力度，实行惩罚性赔偿制度，严格刑事责任追究。加大全民普法工作力度，增强全民法治观念，完善公共法律服务体系，夯实依法治国群众基础。

各级党和国家机关以及领导干部要带头尊法学法守法用法，提高运用法治思维和法治方式深化改革、推动发展、化解矛盾、维护稳定、应对风险的能力。

五、坚持和完善中国特色社会主义行政体制，构建职责明确、依法行政的政府治理体系

国家行政管理承担着按照党和国家决策部署推动经济社会发展、管理社会事务、服务人民群众的重大职责。必须坚持一切行政机关为人民服务、对人民负责、受人民监督，创新行政方式，提高行政效能，建设人民满意的服务型政府。

（一）完善国家行政体制。以推进国家机构职能优化协同高效为着力点，优化行政决策、行政执行、行政组织、行政监督体制。健全部门协调配合机制，防止政出多门、政策效应相互抵消。深化行政执法体制改革，最大限度减少不必要的行政执法事项。进一步整合行政执法队伍，继续探索实行跨领域跨部门综合执法，推动执法重心下移，提高行政执法能力水平。落实行政执法责任制和责任追究制度。创新行政管理和服务方式，加快推进全国一体化政务服务平台建设，健全强有力的行政执行系统，提高政府执行力和公信力。

（二）优化政府职责体系。完善政府经济调节、市场监管、社会管理、公共服务、生态环境保护等职能，实行政府权责清单制度，厘清政府和市场、政府和社会关系。深入推进简政放权、放管结合、优化服务，深化行政审批制度改革，改善营商环境，激发各类市场主体活力。健全以国家发展规划为战略导向，以财政政策和货币政策为主要手段，就业、产业、投资、消费、区域等政策协同发力的宏观调控制度体系。完善国家重大发展战略和中长期经济社会发展规划制度。完善标准科学、规范透明、约束有力的预算制度。建设现代中央银行制度，完善基础货币投放机制，健全基准利率和市场化利率体系。严格市场监管、质量监管、安全监管，加强违法惩戒。完善公共服务体系，推进基本公共服务均等化、可及性。建立健全运用互联网、大数据、

人工智能等技术手段进行行政管理的制度规则。推进数字政府建设，加强数据有序共享，依法保护个人信息。

（三）优化政府组织结构。推进机构、职能、权限、程序、责任法定化，使政府机构设置更加科学、职能更加优化、权责更加协同。严格机构编制管理，统筹利用行政管理资源，节约行政成本。优化行政区划设置，提高中心城市和城市群综合承载和资源优化配置能力，实行扁平化管理，形成高效率组织体系。

（四）健全充分发挥中央和地方两个积极性体制机制。理顺中央和地方权责关系，加强中央宏观事务管理，维护国家法制统一、政令统一、市场统一。适当加强中央在知识产权保护、养老保险、跨区域生态环境保护等方面事权，减少并规范中央和地方共同事权。赋予地方更多自主权，支持地方创造性开展工作。按照权责一致原则，规范垂直管理体制和地方分级管理体制。优化政府间事权和财权划分，建立权责清晰、财力协调、区域均衡的中央和地方财政关系，形成稳定的各级政府事权、支出责任和财力相适应的制度。构建从中央到地方权责清晰、运行顺畅、充满活力的工作体系。

六、坚持和完善社会主义基本经济制度，推动经济高质量发展

公有制为主体、多种所有制经济共同发展，按劳分配为主体、多种分配方式并存，社会主义市场经济体制等社会主义基本经济制度，既体现了社会主义制度优越性，又同我国社会主义初级阶段社会生产力发展水平相适应，是党和人民的伟大创造。必须坚持社会主义基本经济制度，充分发挥市场在资源配置中的决定性作用，更好发挥政府作用，全面贯彻新发展理念，坚持以供给侧结构性改革为主线，加快建设现代化经济体系。

（一）毫不动摇巩固和发展公有制经济，毫不动摇鼓励、支持、引导非公有制经济发展。探索公有制多种实现形式，推进国有经济布局优化和结构调整，发展混合所有制经济，增强国有经济竞争力、创新力、控制力、影响力、

抗风险能力，做强做优做大国有资本。深化国有企业改革，完善中国特色现代企业制度。形成以管资本为主的国有资产监管体制，有效发挥国有资本投资、运营公司功能作用。健全支持民营经济、外商投资企业发展的法治环境，完善构建亲清政商关系的政策体系，健全支持中小企业发展制度，促进非公有制经济健康发展和非公有制经济人士健康成长。营造各种所有制主体依法平等使用资源要素、公开公平公正参与竞争、同等受到法律保护的市场环境。深化农村集体产权制度改革，发展农村集体经济，完善农村基本经营制度。

（二）坚持按劳分配为主体、多种分配方式并存。坚持多劳多得，着重保护劳动所得，增加劳动者特别是一线劳动者劳动报酬，提高劳动报酬在初次分配中的比重。健全劳动、资本、土地、知识、技术、管理、数据等生产要素由市场评价贡献、按贡献决定报酬的机制。健全以税收、社会保障、转移支付等为主要手段的再分配调节机制，强化税收调节，完善直接税制度并逐步提高其比重。完善相关制度和政策，合理调节城乡、区域、不同群体间分配关系。重视发挥第三次分配作用，发展慈善等社会公益事业。鼓励勤劳致富，保护合法收入，增加低收入者收入，扩大中等收入群体，调节过高收入，清理规范隐性收入，取缔非法收入。

（三）加快完善社会主义市场经济体制。建设高标准市场体系，完善公平竞争制度，全面实施市场准入负面清单制度，改革生产许可制度，健全破产制度。强化竞争政策基础地位，落实公平竞争审查制度，加强和改进反垄断和反不正当竞争执法。健全以公平为原则的产权保护制度，建立知识产权侵权惩罚性赔偿制度，加强企业商业秘密保护。推进要素市场制度建设，实现要素价格市场决定、流动自主有序、配置高效公平。强化消费者权益保护，探索建立集体诉讼制度。加强资本市场基础制度建设，健全具有高度适应性、竞争力、普惠性的现代金融体系，有效防范化解金融风险。优化经济治理基础数据库。健全推动发展先进制造业、振兴实体经济的体制机制。实施乡村振兴战略，完善农业农村优先发展和保障国家粮食安全的制度政策，健全城乡融合发展体制机制。构建区域协调发展新机制，形成主体功能明显、优势互补、高质量发展的区域经济布局。

（四）完善科技创新体制机制。弘扬科学精神和工匠精神，加快建设创新型国家，强化国家战略科技力量，健全国家实验室体系，构建社会主义市场经济条件下关键核心技术攻关新型举国体制。加大基础研究投入，健全鼓励支持基础研究、原始创新的体制机制。建立以企业为主体、市场为导向、产学研深度融合的技术创新体系，支持大中小企业和各类主体融通创新，创新促进科技成果转化机制，积极发展新动能，强化标准引领，提升产业基础能力和产业链现代化水平。完善科技人才发现、培养、激励机制，健全符合科研规律的科技管理体制和政策体系，改进科技评价体系，健全科技伦理治理体制。

（五）建设更高水平开放型经济新体制。实施更大范围、更宽领域、更深层次的全面开放，推动制造业、服务业、农业扩大开放，保护外资合法权益，促进内外资企业公平竞争，拓展对外贸易多元化，稳步推进人民币国际化。健全外商投资准入前国民待遇加负面清单管理制度，推动规则、规制、管理、标准等制度型开放。健全促进对外投资政策和服务体系。加快自由贸易试验区、自由贸易港等对外开放高地建设。推动建立国际宏观经济政策协调机制。健全外商投资国家安全审查、反垄断审查、国家技术安全清单管理、不可靠实体清单等制度。完善涉外经贸法律和规则体系。

七、坚持和完善繁荣发展社会主义先进文化的制度，巩固全体人民团结奋斗的共同思想基础

发展社会主义先进文化、广泛凝聚人民精神力量，是国家治理体系和治理能力现代化的深厚支撑。必须坚定文化自信，牢牢把握社会主义先进文化前进方向，围绕举旗帜、聚民心、育新人、兴文化、展形象的使命任务，坚持为人民服务、为社会主义服务，坚持百花齐放、百家争鸣，坚持创造性转化、创新性发展，激发全民族文化创造活力，更好构筑中国精神、中国价值、中国力量。

（一）坚持马克思主义在意识形态领域指导地位的根本制度。全面贯彻落实习近平新时代中国特色社会主义思想，健全用党的创新理论武装全党、教育人民工作体系，完善党委（党组）理论学习中心组等各层级学习制度，建设和用好网络学习平台。深入实施马克思主义理论研究和建设工程，把坚持以马克思主义为指导全面落实到思想理论建设、哲学社会科学研究、教育教学各方面。加强和改进学校思想政治教育，建立全员、全程、全方位育人体制机制。落实意识形态工作责任制，注意区分政治原则问题、思想认识问题、学术观点问题，旗帜鲜明反对和抵制各种错误观点。

（二）坚持以社会主义核心价值观引领文化建设制度。推动理想信念教育常态化、制度化，弘扬民族精神和时代精神，加强党史、新中国史、改革开放史教育，加强爱国主义、集体主义、社会主义教育，实施公民道德建设工程，推进新时代文明实践中心建设。坚持依法治国和以德治国相结合，完善弘扬社会主义核心价值观的法律政策体系，把社会主义核心价值观要求融入法治建设和社会治理，体现到国民教育、精神文明创建、文化产品创作生产全过程。推进中华优秀传统文化传承发展工程。完善青少年理想信念教育齐抓共管机制。健全志愿服务体系。完善诚信建设长效机制，健全覆盖全社会的征信体系，加强失信惩戒。

（三）健全人民文化权益保障制度。坚持以人民为中心的工作导向，完善文化产品创作生产传播的引导激励机制，推出更多群众喜爱的文化精品。完善城乡公共文化服务体系，优化城乡文化资源配置，推动基层文化惠民工程扩大覆盖面、增强实效性，健全支持开展群众性文化活动机制，鼓励社会力量参与公共文化服务体系建设。

（四）完善坚持正确导向的舆论引导工作机制。坚持党管媒体原则，坚持团结稳定鼓劲、正面宣传为主，唱响主旋律、弘扬正能量。构建网上网下一体、内宣外宣联动的主流舆论格局，建立以内容建设为根本、先进技术为支撑、创新管理为保障的全媒体传播体系。改进和创新正面宣传，完善舆论监督制度，健全重大舆情和突发事件舆论引导机制。建立健全网络综合治理体系，加强和创新互联网内容建设，落实互联网企业信息管理主体责任，全面提高网络治理能力，营造清朗的网络空间。

（五）建立健全把社会效益放在首位、社会效益和经济效益相统一的文化创作生产体制机制。深化文化体制改革，加快完善遵循社会主义先进文化发展规律、体现社会主义市场经济要求、有利于激发文化创新创造活力的文化管理体制和生产经营机制。健全现代文化产业体系和市场体系，完善以高质量发展为导向的文化经济政策。完善文化企业履行社会责任制度，健全引导新型文化业态健康发展机制。完善文化和旅游融合发展体制机制。加强文艺创作引导，完善倡导讲品位讲格调讲责任、抵制低俗庸俗媚俗的工作机制。

八、坚持和完善统筹城乡的民生保障制度，满足人民日益增长的美好生活需要

增进人民福祉、促进人的全面发展是我们党立党为公、执政为民的本质要求。必须健全幼有所育、学有所教、劳有所得、病有所医、老有所养、住有所居、弱有所扶等方面国家基本公共服务制度体系，尽力而为，量力而行，注重加强普惠性、基础性、兜底性民生建设，保障群众基本生活。创新公共服务提供方式，鼓励支持社会力量兴办公益事业，满足人民多层次多样化需求，使改革发展成果更多更公平惠及全体人民。

（一）健全有利于更充分更高质量就业的促进机制。坚持就业是民生之本，实施就业优先政策，创造更多就业岗位。健全公共就业服务和终身职业技能培训制度，完善重点群体就业支持体系。建立促进创业带动就业、多渠道灵活就业机制，对就业困难人员实行托底帮扶。坚决防止和纠正就业歧视，营造公平就业制度环境。健全劳动关系协调机制，构建和谐劳动关系，促进广大劳动者实现体面劳动、全面发展。

（二）构建服务全民终身学习的教育体系。全面贯彻党的教育方针，坚持教育优先发展，聚焦办好人民满意的教育，完善立德树人体制机制，深化教

育领域综合改革，加强师德师风建设，培养德智体美劳全面发展的社会主义建设者和接班人。推动城乡义务教育一体化发展，健全学前教育、特殊教育和普及高中阶段教育保障机制，完善职业技术教育、高等教育、继续教育统筹协调发展机制。支持和规范民办教育、合作办学。构建覆盖城乡的家庭教育指导服务体系。发挥网络教育和人工智能优势，创新教育和学习方式，加快发展面向每个人、适合每个人、更加开放灵活的教育体系，建设学习型社会。

（三）完善覆盖全民的社会保障体系。坚持应保尽保原则，健全统筹城乡、可持续的基本养老保险制度、基本医疗保险制度，稳步提高保障水平。加快建立基本养老保险全国统筹制度。加快落实社保转移接续、异地就医结算制度，规范社保基金管理，发展商业保险。统筹完善社会救助、社会福利、慈善事业、优抚安置等制度。健全退役军人工作体系和保障制度。坚持和完善促进男女平等、妇女全面发展的制度机制。完善农村留守儿童和妇女、老年人关爱服务体系，健全残疾人帮扶制度。坚决打赢脱贫攻坚战，巩固脱贫攻坚成果，建立解决相对贫困的长效机制。加快建立多主体供给、多渠道保障、租购并举的住房制度。

（四）强化提高人民健康水平的制度保障。坚持关注生命全周期、健康全过程，完善国民健康政策，让广大人民群众享有公平可及、系统连续的健康服务。深化医药卫生体制改革，健全基本医疗卫生制度，提高公共卫生服务、医疗服务、医疗保障、药品供应保障水平。加快现代医院管理制度改革。坚持以基层为重点、预防为主、防治结合、中西医并重。加强公共卫生防疫和重大传染病防控，健全重特大疾病医疗保险和救助制度。优化生育政策，提高人口质量。积极应对人口老龄化，加快建设居家社区机构相协调、医养康养相结合的养老服务体系。聚焦增强人民体质，健全促进全民健身制度性举措。

九、坚持和完善共建共治共享的社会治理制度，保持社会稳定、维护国家安全

社会治理是国家治理的重要方面。必须加强和创新社会治理，完善党委

领导、政府负责、民主协商、社会协同、公众参与、法治保障、科技支撑的社会治理体系，建设人人有责、人人尽责、人人享有的社会治理共同体，确保人民安居乐业、社会安定有序，建设更高水平的平安中国。

（一）完善正确处理新形势下人民内部矛盾有效机制。坚持和发展新时代“枫桥经验”，畅通和规范群众诉求表达、利益协调、权益保障通道，完善信访制度，完善人民调解、行政调解、司法调解联动工作体系，健全社会心理服务体系和危机干预机制，完善社会矛盾纠纷多元预防调处化解综合机制，努力将矛盾化解在基层。

（二）完善社会治安防控体系。坚持专群结合、群防群治，提高社会治安立体化、法治化、专业化、智能化水平，形成问题联治、工作联动、平安联创的工作机制，提高预测预警预防各类风险能力，增强社会治安防控的整体性、协同性、精准性。

（三）健全公共安全体制机制。完善和落实安全生产责任和管理制度，建立公共安全隐患排查和安全预防控制体系。构建统一指挥、专常兼备、反应灵敏、上下联动的应急管理体制，优化国家应急管理能力体系建设，提高防灾减灾救灾能力。加强和改进食品药品安全监管制度，保障人民身体健康和生命安全。

（四）构建基层社会治理新格局。完善群众参与基层社会治理的制度化渠道。健全党组织领导的自治、法治、德治相结合的城乡基层治理体系，健全社区管理和服务机制，推行网格化管理和服务，发挥群团组织、社会组织作用，发挥行业协会商会自律功能，实现政府治理和社会调节、居民自治良性互动，夯实基层社会治理基础。加快推进市域社会治理现代化。推动社会治理和服务重心向基层下移，把更多资源下沉到基层，更好提供精准化、精细化服务。注重发挥家庭家教家风在基层社会治理中的重要作用。加强边疆治理，推进兴边富民。

（五）完善国家安全体系。坚持总体国家安全观，统筹发展和安全，坚持人民安全、政治安全、国家利益至上有机统一。以人民安全为宗旨，以政治安全为根本，以经济安全为基础，以军事、科技、文化、社会安全为保障，健全国家安全体系，增强国家安全能力。完善集中统一、高效权威的国家安全领导体制，健全国家安全法律制度体系。加强国家安全人民防线建设，增强全民国家安全意识，建立健全国家安全风险研判、防控协同、防范化解机制。提高防范抵御国家安全风险能力，高度警惕、坚决防范和严厉打击敌对势力渗透、破坏、颠覆、分裂活动。

十、坚持和完善生态文明制度体系，促进人与自然和谐共生

生态文明建设是关系中华民族永续发展的千年大计。必须践行绿水青山就是金山银山的理念，坚持节约资源和保护环境的基本国策，坚持节约优先、保护优先、自然恢复为主的方针，坚定走生产发展、生活富裕、生态良好的文明发展道路，建设美丽中国。

（一）实行最严格的生态环境保护制度。坚持人与自然和谐共生，坚守尊重自然、顺应自然、保护自然，健全源头预防、过程控制、损害赔偿、责任追究的生态环境保护体系。加快建立健全国土空间规划和用途统筹协调管控制度，统筹划定落实生态保护红线、永久基本农田、城镇开发边界等空间管控边界以及各类海域保护线，完善主体功能区制度。完善绿色生产和消费的法律制度和政策导向，发展绿色金融，推进市场导向的绿色技术创新，更加自觉地推动绿色循环低碳发展。构建以排污许可制为核心的固定污染源监管制度体系，完善污染防治区域联动机制和陆海统筹的生态环境治理体系。加强农业农村环境污染防治。完善生态环境保护法律体系和执法司法制度。

（二）全面建立资源高效利用制度。推进自然资源统一确权登记法治化、规范化、标准化、信息化，健全自然资源产权制度，落实资源有偿使用制度，实行资源总量管理和全面节约制度。健全资源节约集约循环利用政策体系。普遍实行垃圾分类和资源化利用制度。推进能源革命，构建清洁低碳、安全高效的能源体系。健全海洋资源开发保护制度。加快建立自然资源统一调查、

评价、监测制度，健全自然资源监管体制。

（三）健全生态保护和修复制度。统筹山水林田湖草一体化保护和修复，加强森林、草原、河流、湖泊、湿地、海洋等自然生态保护。加强对重要生态系统的保护和永续利用，构建以国家公园为主体的自然保护地体系，健全国家公园保护制度。加强长江、黄河等大江大河生态保护和系统治理。开展大规模国土绿化行动，加快水土流失和荒漠化、石漠化综合治理，保护生物多样性，筑牢生态安全屏障。除国家重大项目外，全面禁止围填海。

（四）严明生态环境保护责任制度。建立生态文明建设目标评价考核制度，强化环境保护、自然资源管控、节能减排等约束性指标管理，严格落实企业主体责任和政府监管责任。开展领导干部自然资源资产离任审计。推进生态环境保护综合行政执法，落实中央生态环境保护督察制度。健全生态环境监测和评价制度，完善生态环境公益诉讼制度，落实生态补偿和生态环境损害赔偿制度，实行生态环境损害责任终身追究制。

十一、坚持和完善党对人民军队的绝对领导制度，确保人民军队忠实履行新时代使命任务

人民军队是中国特色社会主义的坚强柱石，党对人民军队的绝对领导是人民军队的建军之本、强军之魂。必须牢固确立习近平强军思想在国防和军队建设中的指导地位，巩固和拓展深化国防和军队改革成果，构建中国特色社会主义军事政策制度体系，全面推进国防和军队现代化，确保实现党在新时代的强军目标，把人民军队全面建成世界一流军队，永葆人民军队的性质、宗旨、本色。

（一）坚持人民军队最高领导权和指挥权属于党中央。中央军委实行主席负责制是坚持党对人民军队绝对领导的根本实现形式。坚持全国武装力量由军委主席统一领导和指挥，完善贯彻军委主席负责制的体制机制，严格落实军委主席负责制各项制度规定。严明政治纪律和政治规矩，坚决维护党中央、

中央军委权威，确保政令军令畅通。

（二）健全人民军队党的建设制度体系。全面贯彻政治建军各项要求，突出抓好军魂培育，发扬优良传统，传承红色基因，坚决抵制“军队非党化、非政治化”和“军队国家化”等错误政治观点。坚持党委制、政治委员制、政治机关制，坚持党委统一的集体领导下的首长分工负责制，坚持支部建在连上，完善党领导军队的组织体系。建设坚强有力的党组织和高素质专业化干部队伍，确保枪杆子永远掌握在忠于党的可靠的人手中。

（三）把党对人民军队的绝对领导贯彻到军队建设各领域全过程。贯彻新时代军事战略方针，坚持战斗力根本标准，建立健全基于联合、平战一体的军事力量运用政策制度体系，构建新时代军事战略体系，加强联合作战指挥体系和能力建设，调整完善战备制度，健全实战化军事训练制度，有效塑造态势、管控危机、遏制战争、打赢战争。坚持以战领建、抓建为战，建立健全聚焦打仗、激励创新、军民融合的军事力量建设政策制度体系，统筹解放军现役部队和预备役部队、武装警察部队、民兵建设，统筹军队各类人员制度安排，深化军官职业化制度、文职人员制度、兵役制度等改革，推动形成现代化战斗力生成模式，构建现代军事力量体系。建立健全精准高效、全面规范、刚性约束的军事管理政策制度体系，强化军委战略管理功能，加强中国特色军事法治建设，提高军队系统运行效能。加快军民融合深度发展步伐，构建一体化国家战略体系和能力。完善国防科技创新和武器装备建设制度。深化国防动员体制改革。加强全民国防教育。健全党政军警民合力强边固防工作机制。完善双拥工作和军民共建机制，加强军政军民团结。

十二、坚持和完善“一国两制”制度体系，推进祖国和平统一

“一国两制”是党领导人民实现祖国和平统一的一项重要制度，是中国特色社会主义的一个伟大创举。必须坚持“一国”是实行“两制”的前提和基础，“两制”从属和派生于“一国”并统一于“一国”之内。严格依照宪法和基

本法对香港特别行政区、澳门特别行政区实行管治，坚定维护国家主权、安全、发展利益，维护香港、澳门长期繁荣稳定，绝不容忍任何挑战“一国两制”底线的行为，绝不容忍任何分裂国家的行为。

（一）全面准确贯彻“一国两制”、“港人治港”、“澳人治澳”、高度自治的方针。坚持依法治港治澳，维护宪法和基本法确定的宪制秩序，把坚持“一国”原则和尊重“两制”差异、维护中央对特别行政区全面管治权和保障特别行政区高度自治权、发挥祖国内地坚强后盾作用和提高特别行政区自身竞争力结合起来。完善特别行政区同宪法和基本法实施相关的制度和机制，坚持以爱国者为主体的“港人治港”、“澳人治澳”，提高特别行政区依法治理能力和水平。

（二）健全中央依照宪法和基本法对特别行政区行使全面管治权的制度。完善中央对特别行政区行政长官和主要官员的任免制度和机制、全国人大常委会对基本法的解释制度，依法行使宪法和基本法赋予中央的各项权力。建立健全特别行政区维护国家安全的法律制度和执行机制，支持特别行政区强化执法力量。健全特别行政区行政长官对中央政府负责的制度，支持行政长官和特别行政区政府依法施政。完善香港、澳门融入国家发展大局、同内地优势互补、协同发展机制，推进粤港澳大湾区建设，支持香港、澳门发展经济、改善民生，着力解决影响社会稳定和长远发展的深层次矛盾和问题。加强对香港、澳门社会特别是公职人员和青少年的宪法和基本法教育、国情教育、中国历史和中华文化教育，增强香港、澳门同胞国家意识和爱国精神。坚决防范和遏制外部势力干预港澳事务和进行分裂、颠覆、渗透、破坏活动，确保香港、澳门长治久安。

（三）坚定推进祖国和平统一进程。解决台湾问题、实现祖国完全统一，是全体中华儿女共同愿望，是中华民族根本利益所在。推动两岸就和平发展达成制度性安排。完善促进两岸交流合作、深化两岸融合发展、保障台湾同胞福祉的制度安排和政策措施，团结广大台湾同胞共同反对“台独”、促进统一。在确保国家主权、安全、发展利益的前提下，和平统一后，台湾同胞的社会制度和生活方式将得到充分尊重，台湾同胞的私人财产、宗教信仰、合法权益将得到充分保障。

十三、坚持和完善独立自主的和平外交政策，推动构建人类命运共同体

推动党和国家事业发展需要和平国际环境和良好外部条件。必须统筹国内国际两个大局，高举和平、发展、合作、共赢旗帜，坚定不移维护国家主权、安全、发展利益，坚定不移维护世界和平、促进共同发展。

（一）健全党对外事工作领导体制机制。坚持外交大权在党中央，加强中国特色大国外交理论建设，全面贯彻党中央外交大政方针和战略部署。深入推进涉外体制机制建设，统筹协调党、人大、政府、政协、军队、地方、人民团体等的对外交往，加强党总揽全局、协调各方的对外工作大协同格局。加强涉外法治工作，建立涉外工作法务制度，加强国际法研究和运用，提高涉外工作法治化水平。

（二）完善全方位外交布局。坚定不移走和平发展道路，坚持在和平共处五项原则基础上全面发展同各国的友好合作，坚持国家不分大小、强弱、贫富一律平等，推动建设相互尊重、公平正义、合作共赢的新型国际关系，积极发展全球伙伴关系，维护全球战略稳定，反对一切形式的霸权主义和强权政治。坚持通过对话协商、以和平手段解决国际争端和热点难点问题，反对动辄使用武力或以武力相威胁。坚持奉行防御性的国防政策，永远不称霸，永远不搞扩张，永远做维护世界和平的坚定力量。

（三）推进合作共赢的开放体系建设。坚持互利共赢的开放战略，推动共建“一带一路”高质量发展，维护完善多边贸易体制，推动贸易和投资自由化便利化，推动构建面向全球的高标准自由贸易区网络，支持广大发展中国家提高自主发展能力，推动解决全球发展失衡、数字鸿沟等问题，推动建设开放型世界经济。健全对外开放安全保障体系。构建海外利益保护和风险

预警防范体系，完善领事保护工作机制，维护海外同胞安全和正当权益，保障重大项目和人员机构安全。

（四）积极参与全球治理体系改革和建设。高举构建人类命运共同体旗帜，秉持共商共建共享的全球治理观，倡导多边主义和国际关系民主化，推动全球经济治理机制变革。推动在共同但有区别的责任、公平、各自能力等原则基础上开展应对气候变化国际合作。维护联合国在全球治理中的核心地位，支持上海合作组织、金砖国家、二十国集团等平台机制化建设，推动构建更加公正合理的国际治理体系。

十四、坚持和完善党和国家监督体系，强化对权力运行的制约和监督

党和国家监督体系是党在长期执政条件下实现自我净化、自我完善、自我革新、自我提高的重要制度保障。必须健全党统一领导、全面覆盖、权威高效的监督体系，增强监督严肃性、协同性、有效性，形成决策科学、执行坚决、监督有力的权力运行机制，确保党和人民赋予的权力始终用来为人民谋幸福。

（一）健全党和国家监督制度。完善党内监督体系，落实各级党组织监督责任，保障党员监督权利。重点加强对高级干部、各级主要领导干部的监督，完善领导班子内部监督制度，破解对“一把手”监督和同级监督难题。强化政治监督，加强对党的理论和路线方针政策以及重大决策部署贯彻落实情况的监督检查，完善巡视巡察整改、督察落实情况报告制度。深化纪检监察体制改革，加强上级纪委监委对下级纪委监委的领导，推进纪检监察工作规范化、法治化。完善派驻监督体制机制。推进纪律监督、监察监督、派驻监督、巡视监督统筹衔接，健全人大监督、民主监督、行政监督、司法监督、群众监督、舆论监督制度，发挥审计监督、统计监督职能作用。以党内监督为主导，推动各类监督有机贯通、相互协调。

（二）完善权力配置和运行制约机制。坚持权责法定，健全分事行权、

分岗设权、分级授权、定期轮岗制度，明晰权力边界，规范工作流程，强化权力制约。坚持权责透明，推动用权公开，完善党务、政务、司法和各领域办事公开制度，建立权力运行可查询、可追溯的反馈机制。坚持权责统一，盯紧权力运行各个环节，完善发现问题、纠正偏差、精准问责有效机制，压减权力设租寻租空间。

（三）构建一体推进不敢腐、不能腐、不想腐体制机制。坚定不移推进反腐败斗争，坚决查处政治问题和经济问题交织的腐败案件，坚决斩断“围猎”和甘于被“围猎”的利益链，坚决破除权钱交易的关系网。深化标本兼治，推动审批监管、执法司法、工程建设、资源开发、金融信贷、公共资源交易、公共财政支出等重点领域监督机制改革和制度建设，推进反腐败国家立法，促进反腐败国际合作，加强思想道德和党纪国法教育，巩固和发展反腐败斗争压倒性胜利。

十五、加强党对坚持和完善中国特色社会主义制度、推进国家治理体系和治理能力现代化的领导

坚持和完善中国特色社会主义制度、推进国家治理体系和治理能力现代化，是全党的一项重大战略任务。必须在党中央统一领导下进行，科学谋划、精心组织，远近结合、整体推进，确保本次全会所确定的各项目标任务全面落实到位。

制度的生命力在于执行。各级党委和政府以及各级领导干部要切实强化制度意识，带头维护制度权威，做制度执行的表率，带动全党全社会自觉尊崇制度、严格执行制度、坚决维护制度。健全权威高效的制度执行机制，加强对制度执行的监督，坚决杜绝做选择、搞变通、打折扣的现象。

加强制度理论研究和宣传教育，引导全党全社会充分认识中国特色社会主义制度的本质特征和优越性，坚定制度自信。教育引导广大干部群众认识到，中国特色社会主义制度和国家治理体系经过长期实践检验，来之不易，

必须倍加珍惜；完善和发展我国国家制度和治理体系，必须坚持从国情出发、从实际出发，既把握长期形成的历史传承，又把握党和人民在我国国家制度建设和国家治理方面走过的道路、积累的经验、形成的原则，不能照抄照搬他国制度模式，既不走封闭僵化的老路，也不走改旗易帜的邪路，坚定不移走中国特色社会主义道路。

把提高治理能力作为新时代干部队伍建设的重大任务。通过加强思想淬炼、政治历练、实践锻炼、专业训练，推动广大干部严格按照制度履行职责、行使权力、开展工作，提高推进“五位一体”总体布局和“四个全面”战略布局等各项工作能力和水平。坚持党管干部原则，落实好干部标准，树立正确用人导向，把制度执行力和治理能力作为干部选拔任用、考核评价的重要依据。尊重知识、尊重人才，加快人才制度和政策创新，支持各类人才为推进国家治理体系和治理能力现代化贡献智慧和力量。

推进全面深化改革，既要保持中国特色社会主义制度和国家治理体系的稳定性和延续性，又要抓紧制定国家治理体系和治理能力现代化急需的制度、满足人民对美好生活新期待必备的制度，推动中国特色社会主义制度不断自我完善和发展、永葆生机活力。

全党全国各族人民要更加紧密地团结在以习近平同志为核心的党中央周围，坚定信心，保持定力，锐意进取，开拓创新，为坚持和完善中国特色社会主义制度、推进国家治理体系和治理能力现代化，实现“两个一百年”奋斗目标、实现中华民族伟大复兴的中国梦而努力奋斗！

（新华社北京 2019 年 11 月 5 日电）

中国共产党第十九届中央委员会第四次全体会议公报

（2019 年 10 月 31 日中国共产党第十九届中央委员会第四次全体会议通过）

中国共产党第十九届中央委员会第四次全体会议，于 2019 年 10 月 28 日至 31 日在北京举行。

出席这次全会的有，中央委员 202 人，候补中央委员 169 人。中央纪律检查委员会常务委员会委员和有关方面负责同志列席会议。党的十九大代表中的部分基层同志和专家学者也列席会议。

全会由中央政治局主持。中央委员会总书记习近平作了重要讲话。

全会听取和讨论了习近平受中央政治局委托作的工作报告，审议通过了《中共中央关于坚持和完善中国特色社会主义制度、推进国家治理体系和治理能力现代化若干重大问题的决定》。习近平就《决定（讨论稿）》向全会作了说明。

全会充分肯定党的十九届三中全会以来中央政治局的工作。一致认为，面对国内外风险挑战明显增多的复杂局面，中央政治局高举中国特色社会主义伟大旗帜，坚持以马克思列宁主义、毛泽东思想、邓小平理论、“三个代表”重要思想、科学发展观、习近平新时代中国特色社会主义思想为指导，全面贯彻党的十九大和十九届二中、三中全会精神，准确把握国内国际两个大局，着力抓好发展和安全两件大事，加强战略谋划，增强战略定力，坚持稳中求进工作总基调，继续统筹推进“五位一体”总体布局和协调推进“四个全面”

战略布局，团结带领全党全国各族人民攻坚克难、砥砺前行，庆祝中华人民共和国成立70周年系列活动极大振奋和凝聚了党心军心民心，庆祝改革开放40周年系列活动增强了将改革进行到底的信心，“不忘初心、牢记使命”主题教育成效明显，深化党和国家机构改革各项工作胜利完成，改革开放全面深化，经济社会保持健康稳定发展，坚决打好三大攻坚战和应对各种风险挑战工作有力有效，国防和军队现代化深入推进，推动党和国家各项事业取得新的重大进展。

全会提出，中国特色社会主义制度是党和人民在长期实践探索中形成的科学制度体系，我国国家治理一切工作和活动都依照中国特色社会主义制度展开，我国国家治理体系和治理能力是中国特色社会主义制度及其执行能力的集中体现。

全会认为，中国共产党自成立以来，团结带领人民，坚持把马克思主义基本原理同中国具体实际相结合，赢得了中国革命胜利，并深刻总结国内外正反两方面经验，不断探索实践，不断改革创新，建立和完善社会主义制度，形成和发展党的领导和经济、政治、文化、社会、生态文明、军事、外事等各方面制度，加强和完善国家治理，取得历史性成就。党的十八大以来，我们党领导人民统筹推进“五位一体”总体布局、协调推进“四个全面”战略布局，推动中国特色社会主义制度更加完善、国家治理体系和治理能力现代化水平明显提高，为政治稳定、经济发展、文化繁荣、民族团结、人民幸福、社会安宁、国家统一提供了有力保障。实践证明，中国特色社会主义制度和国家治理体系是以马克思主义为指导、植根中国大地、具有深厚中华文化根基、深得人民拥护的制度和治理体系，是具有强大生命力和巨大优越性的制度和治理体系，是能够持续推动拥有近十四亿人口大国进步和发展、确保拥有五千多年文明史的中华民族实现“两个一百年”奋斗目标进而实现伟大复兴的制度和治理体系。

全会强调，我国国家制度和国家治理体系具有多方面的显著优势，主要是：坚持党的集中统一领导，坚持党的科学理论，保持政治稳定，确保国家始终沿着社会主义方向前进的显著优势；坚持人民当家作主，发展人民民主，密切联系群众，紧紧依靠人民推动国家发展的显著优势；坚持全面依法治国，建设社会主义法治国家，切实保障社会公平正义和人民权利的显著优势；坚持全国一盘棋，调动各方面积极性，集中力量办大事的显著优势；坚持各民族一律平等，铸牢中华民族共同体意识，实现共同团结奋斗、共同繁荣发展的显著优势；坚持公有制为主体、多种所有制经济共同发展和按劳分配为主体、多种分配方式并存，把社会主义制度和市场经济有机结合起来，不断解放和发展社会生产力的显著优势；坚持共同的理想信念、价值理念、道德观念，弘扬中华优秀传统文化、革命文化、社会主义先进文化，促进全体人民在思想上精神上紧紧团结在一起的显著优势；坚持以人民为中心的发展思想，不断保障和改善民生、增进人民福祉，走共同富裕道路的显著优势；坚持改革创新、与时俱进，善于自我完善、自我发展，使社会充满生机活力的显著优势；坚持德才兼备、选贤任能，聚天下英才而用之，培养造就更多更优秀人才的显著优势；坚持党指挥枪，确保人民军队绝对忠诚于党和人民，有力保障国家主权、安全、发展利益的显著优势；坚持"一国两制"，保持香港、澳门长期繁荣稳定，促进祖国和平统一的显著优势；坚持独立自主和对外开放相统一，积极参与全球治理，为构建人类命运共同体不断作出贡献的显著优势。这些显著优势，是我们坚定中国特色社会主义道路自信、理论自信、制度自信、文化自信的基本依据。

全会强调，必须坚持以马克思列宁主义、毛泽东思想、邓小平理论、"三个代表"重要思想、科学发展观、习近平新时代中国特色社会主义思想为指导，增强"四个意识"，坚定"四个自信"，做到"两个维护"，坚持党的领导、人民当家作主、依法治国有机统一，坚持解放思想、实事求是，坚持改革创新，突出坚持和完善支撑中国特色社会主义制度的根本制度、基本制度、重要制度，着力固根基、扬优势、补短板、强弱项，构建系统完备、科学规范、运行有效的制度体系，加强系统治理、依法治理、综合治理、源头治理，把我国制度优势更好转化为国家治理效能，为实现"两个一百年"奋斗目标、实现中华民族伟大复兴的中国梦提供有力保证。

全会提出，坚持和完善中国特色社会主义制度、推进国家治理体系和治理能力现代化的总体目标是，到我们党成立一百年时，在各方面制度更加成熟更加定型上取得明显成效；到2035年，各方面制度更加完善，基本实现国家治理体系和治理能力现代化；到新中国成立一百年时，全面实现国家治理体系和治理能力现代化，使中国特色社会主义制度更加巩固、优越性充分展现。

全会提出，坚持和完善党的领导制度体系，提高党科学执政、民主执政、依法执政水平。必须坚持党政军民学、东西南北中，党是领导一切的，坚决维护党中央权威，健全总揽全局、协调各方的党的领导制度体系，把党的领导落实到国家治理各领域各方面各环节。要建立不忘初心、牢记使命的制度，完善坚定维护党中央权威和集中统一领导的各项制度，健全党的全面领导制度，健全为人民执政、靠人民执政各项制度，健全提高党的执政能力和领导水平制度，完善全面从严治党制度。

全会提出，坚持和完善人民当家作主制度体系，发展社会主义民主政治。必须坚持人民主体地位，坚定不移走中国特色社会主义政治发展道路，确保人民依法通过各种途径和形式管理国家事务，管理经济文化事业，管理社会事务。要坚持和完善人民代表大会制度这一根本政治制度，坚持和完善中国共产党领导的多党合作和政治协商制度，巩固和发展最广泛的爱国统一战线，坚持和完善民族区域自治制度，健全充满活力的基层群众自治制度。

全会提出，坚持和完善中国特色社会主义法治体系，提高党依法治国、依法执政能力。建设中国特色社会主义法治体系、建设社会主义法治国家是坚持和发展中国特色社会主义的内在要求。必须坚定不移走中国特色社会主义法治道路，全面推进依法治国，坚持依法治国、依法执政、依法行政共同推进，坚持法治国家、法治政府、法治社会一体建设。要健全保证宪法全面实施的体制机制，完善立法体制机制，健全社会公平正义法治保障制度，加强对法律实施的监督。

全会提出，坚持和完善中国特色社会主义行政体制，构建职责明确、依法行政的政府治理体系。国家行政管理承担着按照党和国家决策部署推动经济社会发展、管理社会事务、服务人民群众的重大职责。必须坚持一切行政机关为人民服务、对人民负责、受人民监督，创新行政方式，提高行政效能，建设人民满意的服务型政府。要完善国家行政体制，优化政府职责体系，优化政府组织结构，健全充分发挥中央和地方两个积极性体制机制。

全会提出，坚持和完善社会主义基本经济制度，推动经济高质量发展。公有制为主体、多种所有制经济共同发展，按劳分配为主体、多种分配方式并存，社会主义市场经济体制等社会主义基本经济制度，既体现了社会主义制度优越性，又同我国社会主义初级阶段社会生产力发展水平相适应，是党和人民的伟大创造。必须坚持社会主义基本经济制度，充分发挥市场在资源配置中的决定性作用，更好发挥政府作用，全面贯彻新发展理念，坚持以供给侧结构性改革为主线，加快建设现代化经济体系。要毫不动摇巩固和发展公有制经济，毫不动摇鼓励、支持、引导非公有制经济发展，坚持按劳分配为主体、多种分配方式并存，加快完善社会主义市场经济体制，完善科技创新体制机制，建设更高水平开放型经济新体制。

全会提出，坚持和完善繁荣发展社会主义先进文化的制度，巩固全体人民团结奋斗的共同思想基础。发展社会主义先进文化、广泛凝聚人民精神力量，是国家治理体系和治理能力现代化的深厚支撑。必须坚定文化自信，牢牢把握社会主义先进文化前进方向，激发全民族文化创造活力，更好构筑中国精神、中国价值、中国力量。要坚持马克思主义在意识形态领域指导地位的根本制度，坚持以社会主义核心价值观引领文化建设制度，健全人民文化权益保障制度，完善坚持正确导向的舆论引导工作机制，建立健全把社会效益放在首位、社会效益和经济效益相统一的文化创作生产体制机制。

全会提出，坚持和完善统筹城乡的民生保障制度，满足人民日益增长的美好生活需要。增进人民福祉、促进人的全面发展是我们党立党为公、执政为民的本质要求。必须健全幼有所育、学有所教、劳有所得、病有所医、老有所养、住有所居、弱有所扶等方面国家基本公共服务制度体系，注重加强普惠性、基础性、兜底性民生建设，保障群众基本生活。满足人民多层次多样化需求，使改革发展成果更多更公平惠及全体人民。要健全有利于更充分更高质量就业的促进机制，构建服务全民终身学习的教育体系，完善覆盖全民的社会保障体系，强化提高人民健康水平的制度保障。坚决打赢脱贫攻坚战，建立解决相对贫困的长效机制。

全会提出，坚持和完善共建共治共享的社会治理制度，保持社会稳定、维护国家安全。社会治理是国家治理的重要方面。必须加强和创新社会治理，完善党委领导、政府负责、民主协商、社会协同、公众参与、法治保障、科技支撑的社会治理体系，建设人人有责、人人尽责、人人享有的社会治理共同体，确保人民安居乐业、社会安定有序，建设更高水平的平安中国。要完善正确处理新形势下人民内部矛盾有效机制，完善社会治安防控体系，健全公共安全体制机制，构建基层社会治理新格局，完善国家安全体系。

全会提出，坚持和完善生态文明制度体系，促进人与自然和谐共生。生态文明建设是关系中华民族永续发展的千年大计。必须践行绿水青山就是金山银山的理念，坚持节约资源和保护环境的基本国策，坚持节约优先、保护优先、自然恢复为主的方针，坚定走生产发展、生活富裕、生态良好的文明发展道路，建设美丽中国。要实行最严格的生态环境保护制度，全面建立资源高效利用制度，健全生态保护和修复制度，严明生态环境保护责任制度。

全会提出，坚持和完善党对人民军队的绝对领导制度，确保人民军队忠实履行新时代使命任务。党对人民军队的绝对领导是人民军队的建军之本、强军之魂。必须牢固确立习近平强军思想在国防和军队建设中的指导地位，巩固和拓展深化国防和军队改革成果，构建中国特色社会主义军事政策制度体系，全面推进国防和军队现代化，确保实现党在新时代的强军目标，把人民军队全面建成世界一流军队，永葆人民军队的性质、宗旨、本色。要坚持人民军队最高领导权和指挥权属于党中央，健全人民军队党的建设制度体系，把党对人民军队的绝对领导贯彻到军队建设各领域全过程。

全会提出，坚持和完善“一国两制”制度体系，推进祖国和平统一。“一国两制”是党领导人民实现祖国和平统一的一项重要制度，是中国特色社会主义的一个伟大创举。必须严格依照宪法和基本法对香港特别行政区、澳门特别行政区实行管治，维护香港、澳门长期繁荣稳定。建立健全特别行政区维护国家安全的法律制度和执行机制。要坚定推进祖国和平统一进程，完善促进两岸交流合作、深化两岸融合发展、保障台湾同胞福祉的制度安排和政策措施，团结广大台湾同胞共同反对“台独”、促进统一。

全会提出，坚持和完善独立自主的和平外交政策，推动构建人类命运共同体。必须统筹国内国际两个大局，高举和平、发展、合作、共赢旗帜，坚定不移维护国家主权、安全、发展利益，坚定不移维护世界和平、促进共同发展。要健全党对外事工作领导体制机制，完善全方位外交布局，推进合作共赢的开放体系建设，积极参与全球治理体系改革和建设。

全会提出，坚持和完善党和国家监督体系，强化对权力运行的制约和监督。党和国家监督体系是党在长期执政条件下实现自我净化、自我完善、自我革新、自我提高的重要制度保障。必须健全党统一领导、全面覆盖、权威高效的监督体系，增强监督严肃性、协同性、有效性，形成决策科学、执行坚决、监督有力的权力运行机制，构建一体推进不敢腐、不能腐、不想腐体制机制，确保党和人民赋予的权力始终用来为人民谋幸福。

全会强调，坚持和完善中国特色社会主义制度、推进国家治理体系和治理能力现代化，是全党的一项重大战略任务。各级党委和政府以及各级领导干部要切实强化制度意识，带头维护制度权威，做制度执行的表率，带动全党全社会自觉尊崇制度、严格执行制度、坚决维护制度。加强制度理论研究和宣传教育，引导全党全社会充分认识中国特色社会主义制度的本质特征和优越性，坚定制度自信。推动广大干部严格按照制度履行职责、行使权力、开展工作，提高推进“五位一体”总体布局和“四个全面”战略布局等各项工作能力和水平。

全会按照党章规定，决定递补中央委员会候补委员马正武、马伟明同志为中央委员会委员。

全会审议并通过了中共中央纪律检查委员会关于刘士余同志严重违纪违法问题的审查报告，确认中央政治局之前作出的给予刘士余同志留党察看二年的处分。

全会号召，全党全国各族人民要更加紧密地团结在以习近平同志为核心的党中央周围，坚定信心，保持定力，锐意进取，开拓创新，为坚持和完善中国特色社会主义制度、推进国家治理体系和治理能力现代化，实现“两个一百年”奋斗目标、实现中华民族伟大复兴的中国梦而努力奋斗！

（新华社北京 2019 年 10 月 31 日电）

上篇

“中国之治”的制度密码

党的十九届四中全会凝练概括我国国家制度和国家治理体系的13个方面显著优势，这是我们党领导人民创造经济快速发展和社会长期稳定“两大奇迹”的根本保障所在，是“中国之治”的制度“密码”所在，也是坚定“四个自信”的基本依据所在。

★

开辟“中国之治”新境界
——写在党的十九届四中全会召开之际

天下大治，古往今来无数治国者孜孜以求的理想，也是中国共产党带领中国人民矢志不渝的追寻。

10 月 28 日至 31 日，中国共产党第十九届中央委员会第四次全体会议将在京召开。研究坚持和完善中国特色社会主义制度、推进国家治理体系和治理能力现代化若干重大问题，是会议的鲜明主题。

蓄积七十年磅礴之力，奋进新时代筑梦之途。

时代正见证，历史将铭记。以习近平同志为核心的党中央引领全党全国各族人民，在推动中国特色社会主义制度更加完善、国家治理体系和治理能力迈向现代化的进程中改革创新、开拓前行，不断迈向“中国之治”更高境界，必将实现党和国家事业蓬勃发展、长治久安，为人类制度文明作出新的中国贡献。

积厚以成势——我们党领导人民不断探索、不断实践，形成了具有强大生命力和巨大优越性的制度和治理体系，创造了世所罕见的经济发展奇迹和政治稳定奇迹

金秋时节，北京展览馆人潮涌动。

走进“伟大历程 辉煌成就——庆祝中华人民共和国成立 70 周年大型成就展”，沿着波澜壮阔的时光隧道，人们纵览新中国 70 年来改天换地的巨变。

确立人民代表大会制度、坚持和完善党的选举制度……一块块展板、一件件展品，勾勒出70年发展奇迹背后，中国特色社会主义制度从初步确立到逐步完善、从探索前进到更加成熟更加定型的跃升曲线。

“中国改革开放以来作出许多重大改革，使得中国飞速发展，成长为世界第二大经济体，这充分证明了中国治理体制的高效和成功。”法国国际问题专家、中欧论坛创始人戴维·戈塞感慨。

站立在中国广袤的土地上，吸吮着中华民族漫长奋斗积累的文化养分，借鉴人类制度文明有益成果，我们党带领人民不断探索、不断实践，建立和完善社会主义制度，不断完善国家治理，取得历史性成就。

求索之路，始终高擎真理火炬、深植中国沃土——

2019年9月，北京，全国政协礼堂会徽高悬。

中央政协工作会议暨庆祝中国人民政治协商会议成立70周年大会在这里召开。90岁的田富达置身其间，纷飞的思绪，不禁回到70年前。

那是1949年9月，中南海怀仁堂，中国人民政治协商会议第一届全体会议上，各界贤达共商建国伟业。时年20岁的田富达作为参会代表，怀着欣喜之情，讨论《中国人民政治协商会议共同纲领》，憧憬伟大祖国的新生……

制度，是在立足国情的基础上长期发展、渐进改进、内生性演化的结果，不能指望搬来一座“飞来峰”。

“只有扎根本国土壤、汲取充沛养分的制度，才最可靠、也最管用。”习近平总书记的重要论断发人深省。

确立人民代表大会制度保证人民当家作主，完善中国共产党领导的多党合作和政治协商制度、民族区域自治制度以及基层群众自治制度等基本政治制度，探索公有制为主体、多种所有制经济共同发展的基本经济制度……

70年来，中国共产党带领中国人民把马克思主义基本原理同中国具体实际相结合，解放思想、实事求是，探索形成一整套卓有成效的中国特色社会主义制度体系，为“中国之治”奠定制度基石。

求索之路，始终坚持以人民为中心，以最广大人民根本利益为归依——

“你们叫翻身村？翻身了吗？”51 岁的湖南省龙山县翻身村村民李红云，曾经窘迫于这个问题。

如今，走在街上，已摘掉贫困户帽子的李红云昂着头：“我现在就盼着别人问呢！”

小康路上的一张张笑脸，源自中国共产党领导下的脱贫攻坚迸发出的巨大能量，更源自以人民性为鲜明特质的一系列制度安排。

从“不让一个孩子辍学”的义务教育制度，到“做大蛋糕，更要分好蛋糕”的收入分配制度，再到切实兜牢民生底线的社会保障制度……制度并非冷冰冰的工具，而是蕴含着暖心的温度。

坚持一切为了人民，以满足人民对美好生活的向往和实现人的全面发展为价值旨归，为中国特色社会主义制度写下最好的注脚。

求索之路，始终在传承、坚守中与时俱进——

明者因时而变，知者随事而制。面对不适应生产力发展的体制机制，踏上改革开放之路的中国共产党人以非凡的政治勇气打破“理论禁区”，为基本经济制度不断注入新的时代内涵。

洞察时与势，融通“制”与“治”，深刻把握发展的“变”与“不变”，党的十八大以来，我们党领导人民统筹推进“五位一体”总体布局、协调推进“四个全面”战略布局，推动中国特色社会主义制度更加完善、国家治理体系和治理能力现代化水平明显提高——

系统完备，涵盖党的领导和经济、政治、文化、社会、生态文明、军事、外事等各方面；

科学规范，各项制度设置合理、程序严密、于法周延；

运行有效，制度之间运转协调、顺畅有序，不断发生“化学反应”、形成总体合力……

累土不辍，丘山崇成。

立足于中国国情、在实践中发展壮大、日益彰显强大生命力和巨大优越性，“中国之治”在波澜壮阔中谱写华章。

登高更望远——身处百年未有之大变局，行至民族复兴关键一程，必须在坚持和完善中国特色社会主义制度、推进国家治理体系和治理能力现代化上下更大功夫

数日前，欧洲中央银行行长德拉吉结束了任内最后一次货币政策例会。

经济增长几近停滞，就业增长放缓，通胀持续低迷，对经济前景的悲观情绪日益高涨，德拉吉的继任者将继续面对欧元区之困带来的难题。

目光投向东方。前三季度国内生产总值增长 6.2%、消费增长贡献率超六成、全年新增就业目标基本完成……中国经济“三季报”，压力下更显韧性。

中国经济之稳，得益于有力有效的宏观调控，得益于不断完善的社会主义市场经济体制。

“我们曾经拥有人口红利，并长期拥有改革红利，如果在社会主义制度自我完善的路子上取得更多更好的收获，将带来更大的制度红利。”中央党史和文献研究院研究员陈晋说。

小智治事，大智治制。

6 年前，党的十八届三中全会绘就前所未有的改革蓝图，指向前所未有的宏伟目标——完善和发展中国特色社会主义制度，推进国家治理体系和治理能力现代化。

这是继“工业、农业、国防、科学技术”四个现代化后，我们党提出的又一个现代化战略目标，指引社会主义中国继续前行。

6 年后的今天，向着国家治理现代化奋进，中国已经站上怎样的新起点？

以愈加成熟的社会主义民主政治制度，推动实现最广泛、最真实、最管用的民主；完善和发展以宪法为核心的中国特色社会主义法律体系，努力建设法治中国；依靠一系列制度安排，确保发展成果更多更公平惠及全体人民；通过越来越完善的对外开放制度，深度融入全球经济发展……

中国之治，正在为政治稳定、经济发展、文化繁荣、民族团结、社会安宁、国家统一提供着有力保障。

向着国家治理现代化奋进，中国还将面对怎样的挑战？

环顾世界，在百年未有之大变局的潮涨潮落中，国际金融危机的影响并未消散，全球化进程遭遇逆流，新技术、新产业革命催生发展理念模式深刻变化，新一轮大发展大变革大调整已在眼前……

聚焦自身，处于并将长期处于社会主义初级阶段仍是基本国情，社会主要矛盾转化影响深远，各类挑战和风险交错叠加，改革发展稳定重任在肩。

更多“发展起来以后的问题”亟待破解：

进入深水区的改革，比以往更加需要既确保效率也维护公平、既鼓励竞争也保障底线、既尊重差异也凝聚共识；

迈向高质量的发展，迫切需要加快形成与之相适应的指标体系、政策体系、标准体系等，完善制度环境，推动质量变革、效率变革、动力变革……

人民对美好生活的更多期盼亟待回应：

应对加速到来的老龄化社会，如何让庞大的老年人群实现老有所养、老有所依、老有所乐、老有所安？

面对“留不下的城市”与“回不了的乡村”，如何让亿万农业转移人口“此心安处是吾乡”的梦想照进现实？

……

制度，是破题之钥、治理之基。

向着国家治理现代化奋进，就是要更好地适应时代变化、顺应人民期盼，以更加科学完备的制度实现“立治有体，施治有序”。

31位！

世界银行新近发布的《全球营商环境报告2020》显示，中国以15个名次的跃升，首次跻身全球营商环境排名前40。

“软实力”不断提升的背后，是“放管服”改革的不断深化，是优化营商环境的各项制度安排落地生根：在北京，一个小时不到就能办完二手房转移登记手续；在深圳，已实现企业营业执照“秒批”……

如同硬币的两面。制度的好坏决定发展的优劣，发展的进程亦能推动制度的进步。

与党和国家事业发展的日新月异相匹配，制度的现代化已然成为新的时代课题。

“国家治理现代化意味着制度法律等作为现代政治要素不断地、连续地从低级到高级突破性的变革。”清华大学国情研究院院长胡鞍钢说，这一过程一定是不断升级、增强的过程。

不日新者必日退。不断打破束缚生产力发展的体制机制弊端，在与时俱进中让制度更加成熟更加定型，中国特色社会主义制度才能更加完善，国家治理体系和治理能力现代化水平才能进一步提高。

变化的形势和任务，不变的梦想和使命。

拉长时代的坐标，着眼实现社会主义现代化和中华民族伟大复兴的百年征程，前行之路更加清晰——

“从形成更加成熟更加定型的制度看，我国社会主义实践的前半程已经走过了，前半程我们的主要历史任务是建立社会主义基本制度，并在这个基础上进行改革。”

“后半程，我们的主要历史任务是完善和发展中国特色社会主义制度，为党和国家事业发展、为人民幸福安康、为社会和谐稳定、为国家长治久安提供一整套更完备、更稳定、更管用的制度体系。”

习近平总书记的豪迈话语，标注着一个政党、一个国家、一个民族开创的辉煌，也开启了新的伟大出发。

两年前，党的十九大清晰擘画了全面建成社会主义现代化强国的时间表、路线图——

从 2020 年到 2035 年，在全面建成小康社会的基础上，再奋斗 15 年，基本实现社会主义现代化。从 2035 年到本世纪中叶，在基本实现现代化的基础上，再奋斗 15 年，把我国建成富强民主文明和谐美丽的社会主义现代化强国。

不久前召开的中共中央政治局会议明确提出了与之相适应的“中国之治”时间表、路线图——

到我们党成立100年时，在各方面制度更加成熟更加定型上取得明显成效；到2035年，各方面制度更加完善，基本实现国家治理体系和治理能力现代化；到新中国成立100年时，全面实现国家治理体系和治理能力现代化，使中国特色社会主义制度更加巩固、优越性充分展现。

顺应时代潮流，适应我国社会主要矛盾转化，统揽伟大斗争、伟大工程、伟大事业、伟大梦想，不断满足人民对美好生活新期待，战胜前进道路上各种风险挑战……

破解这些难题，创造新的历史，都需要我们不失时机，加强对重大问题的研究，在坚持和完善中国特色社会主义制度、推进国家治理体系和治理能力现代化上迈出更大步伐。

攀登不停步——坚持党的领导，坚定制度自信，向着全面实现国家治理体系和治理能力现代化阔步前行，使中国特色社会主义制度更加巩固、优越性充分展现

梦在前方，路在脚下。

回望极不平凡的来路，眺望指引复兴的前路，我们比任何时候、任何阶段都更加需要坚定制度自信，不断开辟“中国之治”新境界，为逐梦新征程凝聚强大力量。

开辟“中国之治”新境界，就要坚持中国共产党的领导这个最大优势毫不动摇——

“气势恢弘、大度雍容，纲维有序、礼乐交融”，刚刚落幕的国庆70周年庆祝活动，以国之大典惊艳世界。

西班牙《国家报》网站评论：“这是一个比以往任何时候都更强大、更具创新能力和更宏伟的国家。”

中国社科院近代史研究所党委副书记金民卿认为，“关键是中国共产党的坚强领导，才有这么强大的组织力”。

中国特色社会主义最本质的特征是中国共产党领导，中国特色社会主义制度的最大优势也是中国共产党领导。

70年来，正是因为始终坚持党的集中统一领导，我们才能从一穷二白起步，让社会主义制度在古老的东方大国扎根生长，让一种新型国家制度和国家治理体系在神州大地上完善发展，历经无数风雨艰辛而生机勃发。

面向未来，我们必须毫不动摇地坚持党的领导，既要把党的领导贯彻和体现到改革发展稳定、内政外交国防、治党治国治军等各个领域，又要始终在党的领导下坚持和完善中国特色社会主义制度，不断提升国家治理体系和治理能力现代化水平，使中国特色社会主义事业始终方向坚定、行稳致远。

开辟“中国之治”新境界，就要坚持以人民为中心，确保各项制度设计充分保证人民当家作主——

今年，是全国人大代表、“80后”煤矿工人董林为煤矿工人“代言”的第七个年头。

几年来，他连续提交免征煤矿井下艰苦岗位津贴个人所得税的议案，推动政策落地见效。

人民当家作主，是社会主义民主政治的本质和核心。我国宪法明确规定：中华人民共和国的一切权力属于人民。

正是这样的制度设计，申纪兰这样的普通农民能影响国家根本大法的修订，农民工、快递小哥等能参与国家大计的共商。

正是因为深深植根于人民之中，我国国家制度能够有效体现人民意志、保障人民权益、凝聚人民智慧，从国家议政殿堂到田间地头，都闪现着一道道“中国之治”的时代风景线。

前进路上，我们必须始终坚持以人民为中心的价值取向，始终把保证人民当家作主落实到各项国家制度设计和治理体系建设中，不断健全民主制度、拓宽民主渠道、丰富民主形式、完善法治保障，使国家制度设计和治理工作具备坚实的民意基础，充分激发蕴藏在人民群众中的创造伟力。

开辟“中国之治”新境界，就要坚持全面依法治国，夯实党和国家长治久安的基石——

10月21日，十三届全国人大常委会第十四次会议继续审议民法典婚姻家庭编草案，这是此项关系全民的基础性法律第三次进行审议。

作为新中国成立后出台的第一部法律，婚姻法从制定到一次次修改，映射着我国法治建设不断发展进步的进程。

依法治国是一个国家走向现代化的重要标志，更是中国共产党领导人民治理国家的基本方略。

新中国成立70年来，我们党领导人民不断探索实践，逐步形成了中国特色社会主义国家制度和法律制度，为当代中国发展进步提供了根本保障。

当前，改革发展稳定离不开法治护航，经济社会建设需要法治保护，百姓平安福祉要靠法治守卫。

“新的征程上，坚持全面依法治国，坚持法治国家、法治政府、法治社会一体建设，坚持依法治国和以德治国相结合，我们就能不断解放和增强社会活力、促进社会公平正义、维护社会和谐稳定、确保党和国家长治久安。”中南财经政法大学教授徐汉明说。

激荡自信之力，走好自信之途。

向着完善和发展中国特色社会主义制度、推进国家治理体系和治理能力现代化的总目标迈进，我们清醒而坚定：

要在不断推动制度创新、完善治理体系上下更大功夫，完善制度建设，推进制度创新，优化制度结构，使国家的根本制度、基本制度、重要制度形成科学合理的治理结构，产生制度合力；

要在不断把我国制度优势更好转化为国家治理效能上下更大功夫，提高党科学执政、民主执政、依法执政水平，提高国家机构及其工作人员的履职能力，提高人民群众依法参与管理国家事务的能力，推进国家治理体系更加有效运转……

1957年，新中国的缔造者言语谆谆：“我国的社会主义制度还刚刚建立，还没有完全建成，还不完全巩固。”

1992年，改革开放的总设计师高瞻远瞩：“恐怕再有30年的时间，我们才会在各方面形成一整套更加成熟、更加定型的制度。”

2019年，新时代的领航人庄严宣示：“我们已经走出了建设中国特色社会主义制度的成功之路，只要我们沿着这条道路继续前进，就一定能够实现国家治理体系和治理能力现代化”。

枫红似火，红旗飘展。

宽阔的长安街旁，庆祝新中国成立70周年的焰火犹在眼前，党的十九届四中全会的大幕即将拉开。

为中国经济快速发展、社会长期稳定提供更好制度保障，为发展中国家走向现代化提供全新选择，为人类制度文明贡献中国智慧、中国方案，中国共产党人不断改革创新、开拓前进！

（新华社北京2019年10月27日电 新华社记者邹伟、罗争光、刘奕湛、林晖）

历史交汇点上的伟大宣示
——党的十九届四中全会侧记

10 月 31 日下午，人民大会堂，中国共产党第十九届中央委员会第四次全体会议，在完成各项议程后胜利闭幕。

全会听取和讨论了习近平总书记受中央政治局委托作的工作报告，审议通过了《中共中央关于坚持和完善中国特色社会主义制度、推进国家治理体系和治理能力现代化若干重大问题的决定》《中国共产党第十九届中央委员会第四次全体会议公报》等。

全体与会同志起立，雄壮的国际歌在人民大会堂内奏响，厚重深长的旋律，连接历史、现实、未来。

在中国特色社会主义发展史上，在中华民族伟大复兴的浩荡征程中，在中国特色社会主义制度建设上，新时代中国共产党人写下新的璀璨篇章。

“党和国家各项事业取得新的重大进展”

十月底的北京，宽阔的长安街两侧，庆祝新中国 70 周年华诞的花篮和标语横幅，依然烘托着喜庆的气息。

位于西长安街延长线的京西宾馆，庄严而静谧。这里，曾是一系列改变中国命运的重大决策部署的“诞生地”。今天，举世瞩目之中，又一场历史性盛会在此拉开帷幕——

10月28日上午，京西宾馆会议楼一层大会议室内，气氛格外热烈。

370多名十九届中央委员、候补中央委员出席会议，中央纪委常委和有关方面负责同志列席会议，党的十九大代表中部分基层同志和专家学者也列席了会议。

9时整，习近平总书记和中央政治局领导同志步入会场，全场起立，响起热烈的掌声。全会由中央政治局主持。

“同志们，中国共产党第十九届中央委员会第四次全体会议现在开幕！今天上午召开第一次全体会议。”习近平总书记主持第一次全体会议，在向与会同志介绍此次全会的任务和程序后，他代表中央政治局向全会作工作报告。

“党的十九届三中全会以来，已经20个月了。中央政治局全面贯彻党的十九大和十九届二中、三中全会精神，把握国际国内形势变化，统筹党和国家工作全局，加强战略谋划，坚持稳中求进工作总基调，坚持统筹推进‘五位一体’总体布局和协调推进‘四个全面’战略布局，贯彻创新、协调、绿色、开放、共享的新发展理念，敢于攻坚克难，沉着应对国内外风险挑战明显增多的复杂局面，保持经济持续健康发展和社会和谐稳定，推动党和国家各项事业取得新的重大进展。”

20个月来，隆重庆祝中华人民共和国成立70周年、隆重庆祝改革开放40周年、开展“不忘初心、牢记使命”主题教育……一项项重大活动，凝聚起礼赞新中国、奋进新时代的磅礴力量；

20个月来，对党和国家机构改革进行系统性、整体性重构，举办首届中国国际进口博览会，启动建设海南自由贸易试验区，支持深圳建设中国特色社会主义先行示范区……一个个重大举措，让世界看到了改革开放的中国加速度；

20个月来，经济发展在下行压力下保持稳健态势，新旧动能加快转换，三大攻坚战重点任务取得积极进展，脱贫攻坚捷报频传，各项民生事业加快发展，人民生活持续改善……一个个扎实成绩，见证着新时代中国奋勇前进的步伐。

在长达 1 小时 40 分的工作报告中，习近平总书记全面系统总结了党的十九届三中全会以来党和国家事业取得的各方面成就，实事求是，振奋人心。

“这些工作的推进和各项成绩的取得，是全党全军全国各族人民团结奋斗的结果。中央委员会的同志们在各自岗位上心系大局、开拓进取，对中央政治局的工作给予了大力支持。我代表十九届中央政治局，向同志们表示衷心感谢！请同志们对中央政治局的工作提出意见和建议。”

总书记的工作报告，赢得全场热烈掌声。

这掌声，代表着中央委员会同志对中央政治局工作的充分肯定，代表着全党同志对以习近平同志为核心的党中央的衷心爱戴和坚定拥护。

“这是摆在我们党面前的一项重大任务”

当今世界正经历百年未有之大变局，我国正处于实现中华民族伟大复兴关键时期。站在“两个一百年”奋斗目标的历史交汇点上，对党的十九届四中全会的议题，党内外、国内外高度关注。

对此，习近平总书记思考了很久。

在充分听取各方面意见的基础上，从党和国家事业发展全局和长远出发，中央政治局决定，以一次中央全会专题研究坚持和完善中国特色社会主义制度、推进国家治理体系和治理能力现代化重大议题。

制度，定国安邦之根本。

6 年前，党的十八届三中全会绘就全面深化改革蓝图，首次提出“推进国家治理体系和治理能力现代化”这个重大命题，并把“完善和发展中国特色社会主义制度，推进国家治理体系和治理能力现代化”确定为全面深化改革的总目标。

站在新的历史起点上，向着全面建设社会主义现代化强国迈进，以习近平同志为核心的党中央将制度建设问题摆在更加突出的位置。

28日上午举行的第一次全体会议上，习近平总书记就《中共中央关于坚持和完善中国特色社会主义制度、推进国家治理体系和治理能力现代化若干重大问题的决定（讨论稿）》向全会作说明。

这是实现“两个一百年”奋斗目标的重大任务——

“随着改革开放逐步深化，我们党对制度建设的认识越来越深入。”

“1992年，邓小平同志在南方谈话中说：‘恐怕再有三十年的时间，我们才会在各方面形成一整套更加成熟、更加定型的制度。’”

“党的十九大作出到本世纪中叶把我国建成富强民主文明和谐美丽的社会主义现代化强国的战略安排，其中制度建设和治理能力建设的目标是：到2035年，‘各方面制度更加完善，国家治理体系和治理能力现代化基本实现’；到本世纪中叶，‘实现国家治理体系和治理能力现代化’。”

“党的十九届三中全会指出：‘我们党要更好领导人民进行伟大斗争、建设伟大工程、推进伟大事业、实现伟大梦想，必须加快推进国家治理体系和治理能力现代化，努力形成更加成熟、更加定型的中国特色社会主义制度。这是摆在我们党面前的一项重大任务。’”

这是把新时代改革开放推向前进的根本要求——

“我们已经啃下了不少硬骨头但还有许多硬骨头要啃，我们攻克了不少难关但还有许多难关要攻克，我们决不能停下脚步，决不能有松口气、歇歇脚的想法。”

“相比过去，新时代改革开放具有许多新的内涵和特点，其中很重要的一点就是制度建设分量更重”。

“新时代谋划全面深化改革，必须以坚持和完善中国特色社会主义制度、推进国家治理体系和治理能力现代化为主轴，深刻把握我国发展要求和时代潮流，把制度建设和治理能力建设摆在更加突出的位置”。

这是应对风险挑战、赢得主动的有力保证——

“古人讲，‘天下之势不盛则衰，天下之治不进则退’。当今世界正经历百年未有之大变局，国际形势复杂多变，改革发展稳定、内政外交国防、治党治国治军各方面任务之繁重前所未有，我们面临的风险挑战之严峻前所未有。”

“我们要打赢防范化解重大风险攻坚战，必须坚持和完善中国特色社会主义制度、推进国家治理体系和治理能力现代化，运用制度威力应对风险挑战的冲击。”

习近平总书记以深远的历史眼光和宏阔的战略视野，阐释了此次全会研究坚持和完善中国特色社会主义制度、推进国家治理体系和治理能力现代化这一重要议题的深刻背景和重大意义。

在作说明时，习近平总书记还就文件的起草过程和基本框架进行介绍。

“这是一份纲领性文献。希望同志们深刻领会党中央精神，紧紧围绕‘坚持和巩固什么，完善和发展什么’进行讨论，提出建设性的修改意见和建议，共同把这次全会开好。”

从 28 日下午开始，全体与会同志分成 10 个小组进行分组讨论。大家仔细研读文件，结合所在岗位、所在领域的工作，认真学习研究思考，准备发言材料。小组讨论会场上，大家围绕会议主题，谈认识、谈体会、谈观点、谈建议，气氛热烈。

“在国家治理体系和治理能力现代化的四梁八柱中，党居于顶梁柱的位置。”一位来自中央机关的中央委员说，这次全会把坚持和完善党的领导制度体系，提高党科学执政、民主执政、依法执政水平摆在突出位置，抓住了国家治理的根本。

来自军队系统的中央委员表示，回顾人民军队 90 多年的辉煌历程，一个非常重要的历史经验，就是始终坚持党对军队的绝对领导，文件稿将之作为坚持和完善中国特色社会主义制度的重要内容予以明确，标志着中国特色社会主义军事领导制度更加成熟定型。

这是一次党内政治生活的生动实践，这也是一次全党智慧和意志的广泛凝聚。

大家一致认为，决定充分体现了我们党先进的执政理念、高度的制度自信和强大的改革勇气，必将为新时代中国共产党领导人民治国理政提供根本遵循、指引前进方向，为实现中华民族伟大复兴凝聚磅礴力量。

几天的讨论中，与会同志提出了许多很好的意见建议。经过整理汇总和认真研究，其中不少意见建议被吸收采纳。

长治久安的制度保证

31 日下午，人民大会堂二层宴会厅，灯光璀璨，气氛庄重而热烈，党的十九届四中全会闭幕会在此举行。

主席台上方，“中国共产党第十九届中央委员会第四次全体会议”的会标十分醒目，10 面红旗分列两侧。帷幕正中，金色的中国共产党党徽熠熠夺目，见证着这一重要的时刻。

下午 3 时，闭幕会开始，习近平总书记等中央政治局领导同志步入会场，在主席台就座。

历史性的盛会，对党和国家事业发展的长远未来作出系统谋划——

几上几下、反复修改，散发着墨香的《中共中央关于坚持和完善中国特色社会主义制度、推进国家治理体系和治理能力现代化若干重大问题的决定（草案）》，摆在每一位中央委员、候补中央委员的座席上。

这是一份极具历史意义的纲领性文献，这是一份极具现实指导意义的行动指南。

文件既深刻指出了坚持和完善中国特色社会主义制度、推进国家治理体系和治理能力现代化的重大意义和总体要求，首次系统阐述我国国家制度和国家治理体系的显著优势，又分别从坚持和完善党的领导制度体系、坚持和完善人民当家作主制度体系等 13 个方面作出许多新的制度安排。

本着对党和国家事业高度负责的态度，中央政治局同志和全体与会中央委员，郑重高举右手，一致表决通过这一重要决定。

“通过！”随着习近平总书记的宣布，全场响起长时间热烈掌声。

随后，工作人员全文宣读《中国共产党第十九届中央委员会第四次全体会议公报（草案）》。全会以举手表决的方式，予以一致通过。

“决定充分体现人民的意愿，充分体现了科学规律，是国家长治久安，也是老百姓幸福生活的‘定海神针’。”一位列席全会的来自基层的党的十九大代表激动地说。

一位来自国家机关的中央委员表示，新中国70年来中国共产党带领中国人民创造的经济发展和社会长期保持稳定“两大奇迹”充分证明了我们的制度优势。面向未来，不断发挥和增强我们的制度优势，就能战胜一切前进路上的风险挑战，创造新的更大辉煌。

在历史与现实、理论与实践的把握中，在时与势、破和立的思考中，新时代中国共产党人发出了开辟“中国之治”新境界的豪迈誓言。

各项表决议程后，习近平总书记代表中央政治局就抓好全会精神贯彻落实作了重要讲话。

他强调，全党要把思想和行动统一到全会精神上来，把学习贯彻全会精神作为一项重大政治任务抓好抓实。

“坚持和发展中国特色社会主义制度、推进国家治理体系和治理能力现代化，既是一项长期战略任务，又是一个重大现实课题。要增强政治责任感、历史使命感，坚定信心、保持定力、锐意进取、开拓创新，完成这次全会确定的各项任务，为实现‘两个一百年’奋斗目标、实现中华民族伟大复兴的中国梦提供有力保证。”

（新华社北京2019年10月31日电　新华社记者张晓松、朱基钗，人民日报记者杜尚泽、张铁）

释放“中国之治”最强信号
——解析党的十九届四中全会公报关键词

中国共产党十九届四中全会31日闭幕。全会明确提出到我们党成立一百年时，在各方面制度更加成熟更加定型上取得明显成效；到2035年，各方面制度更加完善，基本实现国家治理体系和治理能力现代化；到新中国成立一百年时，全面实现国家治理体系和治理能力现代化，使中国特色社会主义制度更加巩固、优越性充分展现。

“新华视点”记者采访权威专家，解析全会公报透露的重要信息。

关键词1——显著优势

全会强调，我国国家制度和国家治理体系具有多方面的显著优势。包括坚持党的集中统一领导，坚持党的科学理论，保持政治稳定，确保国家始终沿着社会主义方向前进的显著优势等13个方面。

中央党校（国家行政学院）教授严书翰表示，这13个方面的显著优势，是对我国国家制度和国家治理体系的一次科学、系统、客观的全面总结，全面揭示了中国特色社会主义科学制度体系的优越性，也标志着我们党对于国家制度结构和体系功能的认识不断深化。这些显著优势，就是我们坚定中国特色社会主义道路自信、理论自信、制度自信、文化自信的基本依据。

关键词2——党的领导制度体系

全会提出，坚持和完善党的领导制度体系，提高党科学执政、民主执政、依法执政水平。

中国行政体制改革研究会副会长许耀桐表示，全会明确提出坚持和完善党的领导制度体系，具有标志性意义。中国特色社会主义制度强大生命力、巨大优越性最集中的体现，就是中国共产党的领导。必须健全总揽全局、协调各方的党的领导制度体系，把党的领导落实到国家治理各领域各方面各环节。

关键词3——人民当家作主

全会提出，坚持和完善人民当家作主制度体系，发展社会主义民主政治。

中国社会科学院政治学研究所研究员房宁说，社会主义社会是人民的社会，社会主义国家是人民的国家。中国特色社会主义政治发展道路，是中国历史激越变革、激荡发展的必然选择。实现人民当家作主，关键是要坚持党的领导，集中人民的智慧，凝聚人民的力量，确保人民依法通过各种途径和形式管理国家事务。

关键词4——依法治国

全会提出，坚持和完善中国特色社会主义法治体系，提高党依法治国、依法执政能力。

中国政法大学校长马怀德说，全会提出坚持依法治国、依法执政、依法行政共同推进，坚持法治国家、法治政府、法治社会一体建设，同时强调要健全保证宪法全面实施的体制机制、完善立法体制机制。这标志着全面依法治国的制度体系，将从宪法制度、立法制度、社会公平正义的保障制度和监督制度等方面不断完善。

关键词 5——政府治理体系

全会提出，坚持和完善中国特色社会主义行政体制，构建职责明确、依法行政的政府治理体系。

马怀德说，行政体制是国家治理体系的重要组成部分，全会强调要坚持完善中国特色社会主义行政体制，通过完善国家行政体制，优化政府职责体系，优化政府组织结构，最终形成科学完善的政府治理体系，让政府更好承担起按照党和国家决策部署推动经济社会发展、管理社会事务、服务人民群众的重大职责。

关键词 6——社会主义基本经济制度

全会提出，坚持和完善社会主义基本经济制度，推动经济高质量发展。

同济大学财经研究所所长石建勋说，全会强调了社会主义基本经济制度的基础性地位，明确社会主义基本经济制度包括“公有制为主体、多种所有制经济共同发展，按劳分配为主体、多种分配方式并存，社会主义市场经济体制等”，同时强调要全面贯彻新发展理念，完善科技创新体制机制，为经济高质量发展提供重要保障。

关键词 7——社会主义先进文化

全会提出，坚持和完善繁荣发展社会主义先进文化的制度，巩固全体人民团结奋斗的共同思想基础。

中央党校（国家行政学院）教授辛鸣表示，国家治理是建立在社会共识的基础上，团结统一的思想基础是国家治理的强大精神支撑，必须要有坚定正确的政治方向。全会明确提出要坚持马克思主义在意识形态领域指导地位的根本制度，这对于保证社会主义先进文化前进方向意义重大。

关键词8——民生保障

全会提出，坚持和完善统筹城乡的民生保障制度，满足人民日益增长的美好生活需要。

石建勋说，改善民生只有进行时，没有完成时。在决胜全面建成小康社会的关键阶段，各地区发展水平仍有差异，脱贫攻坚面临诸多挑战和困难。解决这些问题，不断满足人民美好生活需要，亟需完善制度来保障。全会强调，增进人民福祉、促进人的全面发展是我们党立党为公、执政为民的本质要求，并在教育、医疗、住房、养老等多个方面提出要求，必将推动民生保障制度进一步完善，让改革发展成果更多更公平惠及全体人民。

关键词9——社会治理共同体

全会提出，坚持和完善共建共治共享的社会治理制度，保持社会稳定、维护国家安全。建设人人有责、人人尽责、人人享有的社会治理共同体。

马怀德表示，健全社会治理制度，才能使社会稳定、国家安全更有保障。全会明确提出完善党委领导、政府负责、民主协商、社会协同、公众参与、法治保障、科技支撑的社会治理体系，在党委领导的基础上强调民主协商，在法治保障的基础上强调科技支撑，同时明确提出建立社会治理共同体的最终目标，进一步丰富完善了社会治理体系建设的内涵。

关键词10——生态文明

全会提出，坚持和完善生态文明制度体系，促进人与自然和谐共生。

北京理工大学能源与环境政策研究中心主任魏一鸣说，全会体现了党中央推进生态文明建设的坚定决心，必须践行“绿水青山就是金山银山”的理念。统筹目标、责任和利益，建立高度协同的生态文明制度体系，创造一条经济与环境协同发展的新型道路，这是建设美丽中国的必由之路。

关键词 11——党对人民军队的绝对领导

全会提出，坚持和完善党对人民军队的绝对领导制度，确保人民军队忠实履行新时代使命任务。

专家认为，党对军队的绝对领导是我军的军魂和命根子，永远不能变，永远不能丢。无论军队建设内外环境如何变化、军队组织形态怎么调整，我们都要坚持党对军队的绝对领导不动摇，确保人民军队始终沿着坚定正确的政治方向奋勇前行。

关键词 12——“一国两制”

全会提出，坚持和完善“一国两制”制度体系，推进祖国和平统一。

专家表示，“一国两制”是中国特色社会主义的一个伟大创举。公报展现了我们党坚决维护“一国两制”行稳致远的坚定决心，必将为香港、澳门长期繁荣稳定提供有力保障，为推进祖国和平统一进程，完善促进两岸交流合作、深化两岸融合发展、保障台湾同胞福祉提供制度安排和政策措施。

关键词 13——人类命运共同体

全会提出，坚持和完善独立自主的和平外交政策，推动构建人类命运共同体。

中国现代国际关系研究院院长袁鹏表示，和平外交政策日益成熟和定型，是国家治理体系和治理能力现代化的重要体现。我们将更好统筹国内国际两个大局，高举和平、发展、合作、共赢旗帜，坚定不移维护国家主权、安全、发展利益，坚定不移维护世界和平、促进共同发展。

关键词 14——党和国家监督体系

全会提出，坚持和完善党和国家监督体系，强化对权力运行的制约和监督。

辛鸣表示，现代化的国家治理体系，需要高效有力的领导制度和行政体制，也离不开对权力运行的有效制约监督体系。党和国家监督体系是党在长期执政条件下实现自我净化、自我完善、自我革新、自我提高的重要制度保障，也是党确保权力始终用来为人民谋幸福的关键之举。

（新华社北京2019年10月31日电 新华社“新华视点”记者杨维汉、罗沙、白阳、王琦）

“一次具有开创性、里程碑意义的重要会议”

——六部门负责人权威解读党的十九届四中全会精神

党的十九届四中全会 10 月 28 日至 31 日召开，对坚持和完善中国特色社会主义制度、推进国家治理体系和治理能力现代化作出重大战略部署。

11 月 1 日，中共中央宣传部举行新闻发布会，邀请六部门负责人介绍全会有关情况，并回答了记者提问。

党的历史上首次用一次中央全会专门研究国家制度和国家治理问题

“用一次中央全会专门研究国家制度和国家治理问题并作出决定，这在我们党的历史上还是第一次。”中央宣传部分管日常工作的副部长、中央政策研究室副主任王晓晖在介绍全会的重大意义时指出。

王晓晖表示，全会最重要的成果就是审议通过《中共中央关于坚持和完善中国特色社会主义制度、推进国家治理体系和治理能力现代化若干重大问题的决定》，全面回答了在我国国家制度和国家治理上，应该“坚持和巩固什么，完善和发展什么”这个重大政治问题，决定既有理论上的新概括又有实践上的新要求，是坚持和完善中国特色社会主义制度、推进国家治理体系和治理能力现代化的政治宣言和行动纲领。

“党的十九届四中全会是一次具有开创性、里程碑意义的重要会议。随着全会精神的贯彻落实，必将对推动中国特色社会主义制度更加成熟更加定型、把我国制度优势更好转化为国家治理优势，产生重大而深远的影响。”王晓晖说。

13方面显著优势阐明“中国之治”制度“密码”

王晓晖在回答记者提问时指出，党的十八届三中全会将坚持和完善中国特色社会主义制度、推进国家治理体系和治理能力现代化，确定为我国全面深化改革的总目标。党的十九届四中全会的决定是对这个总目标的深化和展开，同时又作出许多新的部署和安排，最突出的有三点：

一是突出坚持和完善党的领导制度，突出党的领导制度在国家治理体系当中的统摄性地位；二是充分彰显中国特色社会主义制度自信，凝练概括我国国家制度和国家治理体系的13个方面显著优势，这是我们党领导人民创造经济快速发展和社会长期稳定“两大奇迹”的根本保障所在，是“中国之治”的制度“密码”所在，也是坚定“四个自信”的基本依据所在；三是体现强烈的问题导向和鲜明的实践特色，既阐明必须牢牢坚持的重大制度和原则，又部署推进制度建设的重大任务和举措。

提出坚持和完善党的领导制度体系6方面要求

中央政策研究室分管日常工作的副主任江金权表示，全会第一次系统描绘中国特色社会主义制度的“图谱”，由13个部分组成，其中党的领导制度是国家的根本领导制度，统领和贯穿其他12个方面制度。

江金权介绍，全会着眼于健全总揽全局、协调各方的党的领导制度体系，提出6方面要求：一是建立不忘初心、牢记使命的制度；二是坚定维护党中央权威和集中统一领导的各项制度；三是健全党的全面领导制度；四是健全为人民执政、靠人民执政各项制度；五是健全提高党的执政能力和领导水平制度；六是完善全面从严治党制度。

“这6个方面制度是构成党的领导制度体系的基本要素，必须全面建设好、始终坚持好、不断完善和发展好。”江金权说。

对公职人员监督全覆盖提出3条要求

在加强对国家公职人员监督全覆盖方面，江金权介绍此次全会提出了3条要求：

一是健全党统一领导、全面覆盖、权威高效的监督体系。把党和国家监督协调起来，把现有各种监督机制协调起来，推进党内纪检监督、巡视监督、派驻监督等有效衔接，推动党内监督和人大监督、民主监督、司法监督等各类监督有机贯通、相互协调；

二是完善权力配置和运行制约机制。从权责法定、权责透明、权责统一3个方面作出一系列强化监督的规定，以切实防止权力滥用；

三是构建一体推进不敢腐、不能腐、不想腐体制机制。继续从严查处，保持高压态势，强化不敢腐的氛围；健全各项约束制度，形成不能腐的体制机制；强化守初心、担使命的思想教育，筑牢不能腐的思想基础。

把分配方式和社会主义市场经济体制上升为基本经济制度

基本经济制度是经济制度体系中具有长期性和稳定性的部分，对经济制度属性和经济发展方式具有决定性影响，全会对此也作出了系统阐释和明确部署。

“多年来，我们把公有制为主体，多种所有制经济共同发展作为基本经济制度。十九届四中全会的一大创新，就是在此基础上，把按劳分配为主体，多种分配方式并存，社会主义市场经济体制上升为基本经济制度。”中央财经委员会办公室分管日常工作的副主任韩文秀说，这三项制度都是社会主义基本经济制度，三者相互联系、相互支撑、相互促进。这一重大创新标志着我国社会主义经济制度更加成熟、更加定型。

实施更大范围、更宽领域、更深层次的全面开放

在回答外国记者关于中国市场对外开放政策的问题时，韩文秀指出，开放是中国特色社会主义制度的重要特征和基本属性。中国明年将全面建成小康社会并开启全面建设社会主义现代化国家新征程，这对下一步对外开放提出了新要求。

韩文秀说，这次全会提出，要建设更高水平开放型经济新体制，实施更大范围、更宽领域、更深层次的全面开放。

他介绍，实施更大范围的开放，就是要优化对外开放的空间布局，包括加快自贸试验区、自由港等对外开放高地建设；实施更宽领域的开放，就是要大幅放宽市场准入，包括在更多领域允许外资控股或独资经营等；实施更深层次的开放，就是要推动贸易和投资自由化便利化，包括健全外商投资准入前国民待遇加负面清单管理等制度。

坚持和完善人民代表大会制度这一根本政治制度

全国人大常委会法工委主任、港澳基本法委主任沈春耀表示，全会强调坚持和完善支撑中国特色社会主义制度的根本制度、基本制度、重要制度，明确提出要坚持和完善人民代表大会制度这一根本政治制度。

沈春耀透露，目前全国有乡镇人大代表 188 万，县级人大代表 59 万，设区的市级包括自治州人大代表 12 万，省级包括省、自治区、直辖市人大代表 2 万，全国人大代表近 3000 人，这五级人大代表共有 262 万。

他表示，全会提出了当前和今后一个时期坚持和完善人民代表大会制度的重点方向、主要任务、工作要求和重要举措。包括要支持和保证人民通过人民代表大会行使国家权力，支持和保证人大及其常委会依法行使职权，密切人大代表同人民群众的联系，健全人大组织制度、选举制度和议事规则等。

提出完善“一国两制”制度体系5大任务要求

全会提出，坚持和完善“一国两制”制度体系，推进祖国和平统一。沈春耀介绍，全会对此提出一系列工作任务和要求。

一是坚持依法治港治澳，包括维护宪法和基本法确定的特别行政区宪制秩序，完善特别行政区同宪法和基本法实施相关的制度机制，坚持以爱国者为主体的“港人治港”“澳人治澳”等；

二是完善中央对特别行政区行政长官和主要官员的任免制度和机制、全国人大常委会对基本法的解释制度等；

三是建立健全特别行政区维护国家安全的法律制度和执行机制，支持特别行政区强化执法力量；

四是完善香港、澳门融入国家发展大局、同内地优势互补、协同发展机制，推进粤港澳大湾区建设等；

五是加强对香港、澳门社会特别是公职人员和青少年的宪法和基本法教育、国情教育、中国历史和中华文化教育等。

发挥人民政协作为政治组织和民主形式的效能

全国政协副秘书长舒启明介绍，全会对贯彻长期共存、互相监督、肝胆相照、荣辱与共的方针，加强中国特色社会主义政党制度建设，健全相互监督特别是中国共产党自觉接受监督、对重大决策部署贯彻落实情况实施专项监督等机制作出部署。

舒启明表示，全会强调，要发挥人民政协作为政治组织和民主形式的效能，提高政治协商、民主监督、参政议政水平，更好凝聚共识，完善人民政协专门协商机构制度，丰富协商形式，健全协商规则等。

他还介绍，全会对坚持社会主义协商民主的独特优势，构建程序合理、环节完整的协商民主体系，完善协商于决策之前和决策实施之中的落实机制，丰富有事好商量、众人的事情由众人商量的制度化实践等也作出部署。

多项措施强化对法律实施的监督

全会提出，坚持和完善中国特色社会主义法治体系，提高党依法治国、依法执政能力。司法部党组书记、副部长袁曙宏表示，全会提出四个方面的举措进行保障。

一是健全保证宪法全面实施的体制机制，加强宪法实施和监督、落实宪法解释程序机制、推进合宪性审查工作、加强备案审查制度和能力建设等；二是完善立法体制机制，不断提高立法质量和效率；三是健全社会公平正义法治保障制度；四是加强对法律实施的监督，保证行政权、监察权、审判权、检察权得到依法正确行使。

“人民群众对通过‘打招呼’‘批条子’‘递材料’等干预执法司法案件的现象深恶痛绝，要坚决排除各种非法干预，坚决排除各种潜规则，绝不允许法外开恩，绝不允许办关系案、人情案、金钱案。”袁曙宏特别强调，法律的生命力在于严格执行和全面遵守，全会提出了多项措施强化对法律实施的监督。

（新华社北京 2019 年 11 月 1 日电　新华社记者朱基钗、白阳、高蕾）

从“中国之制”看“中国之治”
——解码党的十九届四中全会决定

11月5日，《中共中央关于坚持和完善中国特色社会主义制度、推进国家治理体系和治理能力现代化若干重大问题的决定》全文发布。

党的十九届四中全会通过的这一决定，深刻阐释了坚持和完善中国特色社会主义制度、推进国家治理体系和治理能力现代化的重大意义和总体要求，并对坚持和完善党的领导制度体系等13个方面的制度作出战略部署。透过这13方面的制度安排，“中国之治”的美好前景清晰可见。循着决定明确的奋进之路，一个更加美好的中国正向我们走来。

党“总揽全局、协调各方”领导地位更加巩固

决定描绘的中国特色社会主义制度图谱由13个部分组成，其中“坚持和完善党的领导制度体系，提高党科学执政、民主执政、依法执政水平”排在第一位，充分彰显出党的领导制度体系在中国特色社会主义制度体系中的重要地位。

“中国共产党领导是中国特色社会主义最本质的特征，是中国特色社会主义制度的最大优势。”中央政策研究室分管日常工作的副主任江金权认为，党的领导制度是国家的根本领导制度，统领和贯穿其他12个方面制度。

针对坚持和完善党的领导制度体系，决定提出6个方面的要求，包括建

立不忘初心、牢记使命的制度，完善坚定维护党中央权威和集中统一领导的各项制度，健全党的全面领导制度，健全为人民执政、靠人民执政各项制度，健全提高党的执政能力和领导水平制度，完善全面从严治党制度。

“这 6 个方面要求可以视为坚持和完善党的领导制度体系的具体实现形式，也是 6 个重要支柱。”中央党校（国家行政学院）教授刘春认为，把这 6 个方面要求落到实处，将进一步健全总揽全局、协调各方的党的领导制度体系，把党的领导落实到国家治理各领域各方面各环节，确保国家始终沿着社会主义方向前进。

以中国式民主让人民更好当家作主

坚持人民当家作主，是我国国家制度和国家治理体系的显著优势之一，也是社会主义民主政治的价值追求。

决定从“坚持和完善人民代表大会制度这一根本政治制度”“坚持和完善中国共产党领导的多党合作和政治协商制度”“巩固和发展最广泛的爱国统一战线”“坚持和完善民族区域自治制度”“健全充满活力的基层群众自治制度”5 方面，描绘出民主中国的发展和完善路径。

“推进国家治理体系和治理能力现代化，发展社会主义民主政治，是关系到中国特色社会主义前途命运的重大战略部署。”复旦大学教授桑玉成说。

“健全人大组织制度、选举制度和议事规则，完善论证、评估、评议、听证制度”“完善支持民主党派和无党派人士履行职能方法”“健全党外代表人士队伍建设制度”“全面深入持久开展民族团结进步创建”“拓宽人民群众反映意见和建议的渠道”……决定中的一系列制度安排，令人眼前一亮。

“小到一个社区、单位，大到一个国家，人们都希望积极参与公共生活。决定通过一系列良好的制度设计，不断丰富民主形式，拓宽民主渠道，确保人民依法通过各种途径和形式管理国家事务、经济文化事业和社会事务。这正是人民美好生活的题中应有之义。”桑玉成说。

推动法治中国建设行稳致远

“坚持和完善中国特色社会主义法治体系，提高党依法治国、依法执政能力。”决定提出“健全保证宪法全面实施的体制机制”“完善立法体制机制”“健全社会公平正义法治保障制度”“加强对法律实施的监督”4方面举措，推进法治中国建设。

西南政法大学校长付子堂说，决定强调加强宪法实施和监督，提出落实宪法解释程序机制、推进合宪性审查工作、加强备案审查制度和能力建设等，有利于更好处理权力行使和权利保障的关系，维护国家法制统一、尊严、权威。

立法方面，决定提出加强重要领域立法，加快我国法域外适用的法律体系建设。付子堂认为，这有利于加快构建保障我国海外利益的法律体系，更好保护海外中国公民和企业合法权益。

公平正义，民之所向。决定强调，严格规范公正文明执法，规范执法自由裁量权，加大关系群众切身利益的重点领域执法力度。决定还提出坚决排除对执法司法活动的干预，拓展公益诉讼案件范围，实行惩罚性赔偿制度等。

“通过严格执法、规范执法，提高违法成本，维护司法公正，有效推动全民守法的实现。”付子堂说，“决定提出的一系列部署安排，必将推动法治中国建设行稳致远。”

建设人民满意的服务型政府

推进国家治理体系和治理能力现代化，离不开国家行政管理现代化。决定指出，必须坚持一切行政机关为人民服务、对人民负责、受人民监督，创新行政方式，提高行政效能，建设人民满意的服务型政府。

“政府治理处在国家治理的前排。”中央党校（国家行政学院）教授汪玉凯说，“通过不断坚持和完善中国特色社会主义行政体制，构建职责明确、依法行政的政府治理体系，将更好把制度优势转换为效能优势。”

决定从完善国家行政体制、优化政府职责体系、优化政府组织结构、健全充分发挥中央和地方两个积极性体制机制等四个维度，对构建与新时代相适应的中国特色社会主义行政体制指明了方向。

改革开放以来特别是党的十八大以来，我国经济社会发展取得举世瞩目的成就，这与我国行政体制不断改革、政府治理效能不断提高息息相关。

汪玉凯认为，一套好的政府治理体系，既要能调动中央和地方两个积极性，也要能持续激发广大人民的创造伟力，归根结底，就是要“人民满意”。“决定立足当下、着眼长远，对政府治理体系提出了针对性、历史性、战略性的设计，将对国家治理体系和治理能力现代化带来可行、可靠、可持续的动力。”汪玉凯说。

以更加成熟稳固的经济制度支撑高质量发展

“对社会主义基本经济制度的坚持和完善是一大突破。”全国政协经济委员会副主任刘世锦说，公有制为主体、多种所有制经济共同发展，按劳分配为主体、多种分配方式并存，社会主义市场经济体制，“三位一体”共同支撑的基本经济制度框架，标志我国社会主义经济制度更加成熟、更加稳固。

“在社会主义市场经济体制下，才能营造各种所有制主体依法平等使用资源要素、公开公平公正参与竞争、同等受到法律保护的市场环境，才能健全生产要素由市场评价贡献、按贡献决定报酬的机制。”刘世锦强调，这一基本经济制度框架对稳定经济发展预期具有重要现实意义。

“建设高标准市场体系”“建设更高水平开放型经济新体制”，在刘世锦看来，这明确了改革开放的方向。“国内改革以建设高标准市场体系为目标，破除行政壁垒，进一步开放市场，推动公平竞争；对外开放以建设更高水平开放型经济新体制为目标，推动我国在全球市场体系竞争中发挥引领作用。”

扩大中等收入群体，健全鼓励支持基础研究、原始创新的体制机制……这些富有创新性的制度安排将补齐制度短板，为实现经济高质量发展提供坚实制度支撑。

更好构筑中国精神中国价值中国力量

党的十九届四中全会对文化方面的制度建设给予高度重视。决定强调，发展社会主义先进文化、广泛凝聚人民精神力量，是国家治理体系和治理能力现代化的深厚支撑。

吉林大学哲学社会学院教授邴正说，决定第一次全面系统地从制度层面强调坚持和完善繁荣发展社会主义先进文化的制度体系建设问题，这是对中国特色社会主义理论的进一步完善和阐发。

决定提出，坚持马克思主义在意识形态领域指导地位的根本制度。

邴正表示，把马克思主义在意识形态领域中的指导地位制度化，为树立中国特色社会主义共同理想、弘扬社会主义核心价值观、构建主流舆论格局、保障人民文化权益、满足人民群众美好生活需要提供了充分的制度保证，对于保证社会主义先进文化前进方向意义重大。

“新中国成立 70 年来，特别是党的十八大以来，我们不断深化与推进文化体制改革创新，社会主义先进文化的影响力与竞争力大大提高。”邴正说，决定进一步明确了中国特色社会主义文化建设的努力方向、基本原则和主要任务。我们要坚定文化自信，牢牢把握社会主义先进文化的前进方向，激发全民族文化创造活力，更加巩固全体人民团结奋斗的共同思想基础，更好构筑中国精神、中国价值、中国力量。

织就更加公平更高质量的民生保障之“网”

带领近 14 亿人民奔向全面小康，过上美好生活，不是一件易事。

从健全有利于更充分更高质量就业的促进机制，到构建服务全民终身学习的教育体系；从完善覆盖全民的社会保障体系，到强化提高人民健康水平的制度保障……决定提出，坚持和完善统筹城乡的民生保障制度，满足人民日益增长的美好生活需要。

多位专家指出，决定从坚持和完善中国特色社会主义制度、推进国家治理体系和治理能力现代化的高度，对构建更加公平、更高质量的民生保障之“网”作出部署安排，彰显了中国共产党不变的为民初心。

决定还提出，创新公共服务提供方式，鼓励支持社会力量兴办公益事业，满足人民多层次多样化需求，使改革发展成果更多更公平惠及全体人民。

中央党校（国家行政学院）教授胡颖廉说，这是决定的亮点之一，表明多样化的民生需求要在“共建共享”的社会建设中破题。

中国人民大学教授郑功成注意到，决定首次提出“民生保障制度”概念。他认为，这会推动就业、教育、社会保障、健康等制度进一步完善和发展，在未来发挥更大作用，形成一套有效增进人民福祉的长效机制。

打造平安中国“升级版”

社会治理是国家治理的重要方面。决定提出，完善党委领导、政府负责、民主协商、社会协同、公众参与、法治保障、科技支撑的社会治理体系，建设人人有责、人人尽责、人人享有的社会治理共同体，确保人民安居乐业、社会安定有序，建设更高水平的平安中国。

北京师范大学教授宋贵伦指出，与党的十九大报告相比，决定从“社会治理体制”到“社会治理体系”，一字之差说明，社会治理不仅要以制度为基础，还要强调运行体系，体现了把社会治理制度优势更好转化为社会治理效能的要求。同时，在“党委领导、政府负责、社会协同、公众参与、法治保障”的基础上，增加了“民主协商”和“科技支撑”，这是我国人民当家作主制度优势的具体体现，也是社会治理体系和能力现代化的要求，使社会治理体系的表述更加全面系统、进一步完善。

在完善社会治安防控体系方面，决定提出要“提高社会治安立体化、法治化、专业化、智能化水平”。“决定的这个表述释放了一个重要信号，强调了社会治安要把人防、技防、物防等结合起来，更全面系统、更有实效。”

宋贵伦说。

在构建基层社会治理新格局上，决定从“完善群众参与基层社会治理的制度化渠道”“加快推进市域社会治理现代化”“注重发挥家庭家教家风在基层社会治理中的重要作用”3方面提出要求。宋贵伦表示，这回应了当前基层社会治理探索的实践成果和城市化进程中的发展要求，具有较强现实针对性和长远意义。

铺就通向美丽中国的制度大道

“生态文明建设已经到了加快制度成熟、完善的阶段。”同济大学财经研究所所长石建勋认为，党的十九届四中全会对坚持和完善生态文明制度体系作出部署，生态文明制度建设将更加具有系统性、全面性、可操作性。

决定提出，实行最严格的生态环境保护制度，全面建立资源高效利用制度，健全生态保护和修复制度，严明生态环境保护责任制度。

“制度是管根本、管长远的。”生态环境部环境与经济政策研究中心主任吴舜泽表示，把党的十八大以来生态文明建设经验做法进行归纳、总结、固化为制度，加以坚持和完善，同时严格强化制度执行，是实现人与自然和谐共生、建设美丽中国的必然之路。

“这4个方面制度有着非常丰富的内涵，每一项制度建设都非常具体，同时包含在全面加强生态环境保护和推进生态文明建设中，在逻辑上相互贯通，在实践中相互关联。”吴舜泽说。

专家表示，未来推进生态文明建设，就是要坚持和完善并坚决执行这些制度，更好满足人民群众对生态环境改善的需求，让人们享受到更蓝的天、更绿的山、更清的水、更优美的环境。

阔步迈向世界一流军队

军事科学院特聘首席专家、研究员何雷认为，决定将坚持和完善党对人民军队的绝对领导制度，作为坚持和完善中国特色社会主义制度的重要内容予以明确，标志着中国特色社会主义军事领导制度更加成熟定型，为进一步铸牢人民军队的建军之本、强军之魂提供了根本遵循。

经过长期发展，坚持党对军队的绝对领导的制度日臻完善，形成了包括坚持军队最高领导权和指挥权属于党中央、中央军委，中央军委实行主席负责制，实行党委制、政治委员制、政治机关制等在内的一整套制度体系，为坚持党对军队的绝对领导提供了坚如磐石的制度保证。

何雷说，前进道路上，人民军队必须牢牢坚持党对军队的绝对领导，把这一条当作人民军队永远不能变的军魂、永远不能丢的命根子，任何时候任何情况下都以党的旗帜为旗帜、以党的方向为方向、以党的意志为意志。

何雷说，贯彻落实党的十九届四中全会精神，就是要更加紧密地团结在以习近平同志为核心的党中央周围，牢固确立习近平强军思想在国防和军队建设中的指导地位，增强“四个意识”、坚定“四个自信”、做到“两个维护”，贯彻军委主席负责制，为实现党在新时代的强军目标、把人民军队全面建成世界一流军队不懈奋斗。

擘画祖国统一光明前景

“一国两制”是党领导人民实现祖国和平统一的一项重要制度，是中国特色社会主义的一个伟大创举。决定专条阐述“坚持和完善‘一国两制’制度体系，推进祖国和平统一”，为维护“一国两制”行稳致远定向领航，为解决台湾问题、实现国家统一擘画出光明前景。

武汉大学教授秦前红说，在推进国家治理体系和治理能力现代化的宏大格局中，将坚持和完善“一国两制”制度体系作为重要内容，对全面准确理解和贯彻“一国两制”方针，维护国家主权、安全、发展利益，维护香港、澳门长期繁荣稳定，意义重大，影响深远，将有力增强推进“一国两制”伟大实践的信心和动力。

中国（深圳）综合开发研究院港澳及区域发展研究所执行所长王万里说，坚持和完善“一国两制”制度体系是依法治国方略在“一国两制”方面的体现。决定中涉及港澳内容全面深刻，既着眼长远，且有很强现实针对性，将推动“一国两制”焕发更强大生命力。

解决台湾问题、实现祖国完全统一，是全体中华儿女共同愿望，是中华民族根本利益所在。上海社科院台湾研究中心主任盛九元认为，决定站在制度和治理的高度，彰显了为两岸同胞谋福祉、为中华民族创未来的格局，体现了大陆方面推动两岸关系和平发展、推进祖国和平统一进程的政策主张，将有力促进两岸交流合作、深化两岸融合发展、保障台湾同胞福祉，进一步团结凝聚两岸同胞反对“台独”、共促统一、携手共圆中华民族伟大复兴中国梦。

构建命运与共的美好世界

“独立自主的和平外交政策日益成熟和定型，是国家治理体系和治理能力现代化的重要体现。决定提出推动构建人类命运共同体，表明中国倡导各国携手建设持久和平、普遍安全、共同繁荣、开放包容、清洁美丽的世界。”外交学院副院长高飞说。

推动党和国家事业发展需要和平国际环境和良好外部条件。决定提出，必须统筹国内国际两个大局，高举和平、发展、合作、共赢旗帜，坚定不移维护国家主权、安全、发展利益，坚定不移维护世界和平、促进共同发展。

在健全党对外事工作领导体制机制方面，决定提出“坚持外交大权在党中央”。高飞表示，党的领导是中国外交的灵魂，是新时代中国特色大国外交的根本政治保障，正是因为有了党的坚强领导，中国外交才能不畏浮云、坚定前行。

在完善全方位外交布局方面，决定提出“推动建设相互尊重、公平正义、合作共赢的新型国际关系”“积极发展全球伙伴关系”。高飞说，中国正以实际行动打破西方国家所谓“国强必霸”“文明冲突”的论调，伙伴关系则为当今世界处理国与国关系提供了新模式。

围绕推进合作共赢的开放体系建设和积极参与全球治理体系改革和建设，决定提出“推动共建‘一带一路’高质量发展”“健全对外开放安全保障体系”“倡导多边主义和国际关系民主化”等具体举措。

高飞表示，这些举措表明中国正以更加开放的姿态寻求与各国共同发展，为构建更加公正合理的国际治理体系贡献积极力量，以一个负责任的发展中大国形象，日益走近世界舞台中央。

为公权力运行扎紧“制度之笼”

决定从健全党和国家监督制度，完善权力配置和运行制约机制，构建一体推进不敢腐、不能腐、不想腐体制机制 3 个方面，作出明确安排和部署，为公权力运行扎紧“制度之笼”。

“这 3 个方面分别从对权力的监督、对权力的配置制约和反腐败体制机制角度，为保证公权力不被滥用，巩固和发展反腐败压倒性胜利作出科学系统安排。”中国人民大学反腐败与廉政政策研究中心主任毛昭晖表示。

毛昭晖指出，在对权力的监督方面，决定明确了健全党和国家监督制度的改革路径，即推进纪律监督、监察监督、派驻监督、巡视监督统筹衔接，同时以党内监督为主导，推动人大监督、民主监督、群众监督、舆论监督、审计监督等各类监督有机贯通、相互协调；在对权力的配置制约方面，决定提出了“权责法定、权责透明、权责统一”3 大原则，通过明晰权力边界、推动用权公开、完善精准问责机制等措施，压减权力设租寻租空间，深化治本之策。

为巩固发展反腐败斗争压倒性胜利，决定着眼强化“不敢腐”，强调坚定不移推进反腐败斗争；着眼保障“不能腐”，提出推动重点领域监督机制改革和制度建设，推进反腐败国家立法；着眼筑牢“不想腐”，强调加强思想道德和党纪国法教育。

（新华社北京 2019 年 11 月 5 日电　新华社记者）

坚定制度自信 迈向伟大复兴
——中央和国家机关、人民团体广大干部职工热议党的十九届四中全会精神

伟大宣示鼓舞人心，浩荡征程再启新局。刚刚闭幕的十九届四中全会审议通过《中共中央关于坚持和完善中国特色社会主义制度、推进国家治理体系和治理能力现代化若干重大问题的决定》，在中央和国家机关、人民团体广大干部职工中引起强烈反响。

大家表示，要认真学习贯彻落实十九届四中全会精神，坚定信心，保持定力，锐意进取，开拓创新，坚持和完善中国特色社会主义制度、推进国家治理体系和治理能力现代化，向着“两个一百年”奋斗目标和中华民族伟大复兴中国梦不断前进!

意义重大影响深远

中央纪委国家监委机关、人力资源社会保障部各级党组织和广大干部职工通过各种方式跟踪全会动态、学习全会精神。大家一致认为，这次全会在实现“两个一百年”奋斗目标的历史交汇点上召开，是一次具有开创性和里程碑意义的重要会议，充分体现了以习近平同志为核心的党中央高瞻远瞩的战略眼光和强烈的历史担当，充分反映了新时代党和国家事业发展的新要求和人民群众的新期待。

立治有体，施治有序。中宣部、中央党校（国家行政学院）干部职工认为，用一次中央全会专门研究国家制度和国家治理问题，在我们党的历史上还是第一次。这是从政治上、全局上、战略上的全面考量，既是毫不动摇坚持中国特色社会主义方向的政治宣示，也是坚定不移将新时代改革开放推向前进的政治动员。

“四中全会全面回答了在我国国家制度和国家治理上，应该‘坚持和巩固什么、完善和发展什么’这个重大政治问题。”中央政法委、最高法、最高检干部职工表示，全会既全面总结了中国特色社会主义制度建设的历史性成就和显著优势，又系统阐述了坚持和完善国家治理的目标任务，具有重大现实意义和深远历史意义。

疾风知劲草，烈火见真金，中国特色社会主义制度为“中国之治”奠定基石。交通运输部、住房城乡建设部、退役军人事务部广大干部职工深切感受到，70 年来，在中国共产党的领导下，中国特色社会主义制度从初步确立到逐步完善、从探索前进到更加成熟，为政治稳定、经济发展、文化繁荣、民族团结、人民幸福、社会安宁、国家统一提供了有力保障。

自然资源部、科技部干部职工表示，全会充分体现出我们党坚持好、实施好、完善好、发展好中国特色社会主义制度和国家治理体系的坚强决心，既有理论上的新概括又有实践上的新要求，彰显出强烈的问题导向和鲜明的实践特色，必将推动中国特色社会主义制度更加成熟更加定型。

显著优势昭示未来

衡量一种制度是否科学、是否先进，主要看是否符合国情、是否有效管用、是否得到人民拥护。

全国人大机关、全国政协机关广大干部职工表示，我国取得的辉煌成就充分证明，中国特色社会主义制度和国家治理体系是以马克思主义为指导、植根中国大地、具有深厚中华文化根基、深得人民拥护的制度和治理体系，具有强大生命力和巨大优越性。

制度，是定国安邦的根本。公安部、安全部、工业和信息化部干部职工认为，全会总结出我国国家制度和国家治理体系具有的13条显著优势，全面反映了我们党在长期治理实践中取得的成功经验，深刻揭示了中国发展奇迹背后的制度逻辑和优势。

天下之势不盛则衰，天下之治不进则退。

从坚持党的集中统一领导、坚持人民当家作主、坚持全面依法治国，到坚持全国一盘棋、坚持各民族一律平等、坚持以人民为中心的发展思想……国家民委、民政部、全国总工会干部职工认为，这些显著优势系统回答了“中国特色社会主义为什么好”的重大问题，为坚定中国特色社会主义道路自信、理论自信、制度自信、文化自信提供了基本依据。

中央统战部、共青团中央、全国妇联干部职工表示，实践证明，中国特色社会主义制度和国家治理体系能够持续推动拥有近十四亿人口大国进步和发展、确保拥有五千多年文明史的中华民族实现“两个一百年”奋斗目标进而实现伟大复兴，要继续沿着党和人民开辟的正确道路前进，不断推进国家治理体系和治理能力现代化。

经国序民，正其制度。中联部、外交部干部职工认为，新中国成立70年来，中国共产党带领中国人民创造的经济发展和社会长期保持稳定两大奇迹，充分证明了我们的制度优势。面向未来，坚持和完善中国特色社会主义制度，不断发挥和增强我们的制度优势，一定能创造出新的更大奇迹。

坚持完善再创辉煌

小智治事，大智治制。

农业农村部、商务部、文化和旅游部干部职工认为，当前我国正处于实现伟大复兴关键时期。要不断满足人民对美好生活新期待、战胜前进道路上的各种风险挑战，就必须把思想和行动统一到全会精神上来，把坚持和完善中国特色社会主义制度、推进国家治理体系和治理能力现代化作为全党的一项重大战略任务，让制度优势更好转化为国家治理效能。

一分部署，九分落实。司法部、财政部、水利部广大干部职工表示，全会从坚持和完善党的领导制度体系、坚持和完善人民当家作主制度体系等13个方面作出许多新的制度安排。中央和国家机关作为国家制度建设的参与者、实践者，要切实强化制度意识，带头维护制度权威，带动全党全社会自觉尊崇制度、严格执行制度、坚决维护制度。

发展改革委、生态环境部、人民银行干部职工认为，要加强组织领导，把学习贯彻十九届四中全会精神作为当前首要政治任务，紧密联系实际，通过丰富多样的形式原原本本学、深入细致学、持之以恒学，做到吃透精神、把握精髓、融会贯通，使四中全会精神真正入脑入心，落实到行动上、贯彻到工作中。

宏图已绘就，奋进正当时。中组部、教育部、卫生健康委广大干部职工认为，要加强思想淬炼、政治历练、实践锻炼，不断增强学习本领、政治领导本领、改革创新本领、科学发展本领、依法执政本领、群众工作本领、狠抓落实本领、驾驭风险本领，紧紧跟上国家治理体系和治理能力现代化步伐，为实现“两个一百年”奋斗目标、实现中华民族伟大复兴的中国梦作出贡献。

中央和国家机关工委、应急管理部、审计署干部职工坚信：当今世界正处于百年未有之大变局，前进道路上不可能一帆风顺。只要充分发挥我国国家制度和国家治理体系的巨大优势，以更加昂扬的斗志、更加扎实的举措、更加过硬的作风、更高质量的工作，推动全会各项决策部署落地见效，“中国号”巨轮一定能乘风破浪、再创辉煌。

（新华社北京2019年11月1日电　新华社记者林晖、高蕾、孙少龙）

把握优势 不懈奋斗 努力推进国家治理体系和治理能力现代化

——党政干部热议党的十九届四中全会精神

伟大成就载入史册，宝贵经验昭示未来。

十九届四中全会审议通过《中共中央关于坚持和完善中国特色社会主义制度、推进国家治理体系和治理能力现代化若干重大问题的决定》，在省区市各级党委政府党政干部中引起强烈反响。

大家认为，要牢牢把握我国国家制度和国家治理体系的显著优势，继续沿着党和人民开辟的正确道路前进，不断推进国家治理体系和治理能力现代化，为实现中华民族伟大复兴凝聚磅礴力量。

辉煌成就彰显国家制度和国家治理体系的显著优势

11月2日，国家会展中心（上海）焕然一新。第二届中国国际进口博览会开幕在即。

“党的十九届四中全会对坚持和完善中国特色社会主义制度、推进国家治理体系和治理能力现代化作出重大战略部署，充分体现了我们党先进的执政理念和高度的制度自信。”上海市商务委党组书记华源认真学习了四中全会精神后信心满怀。

千里之外的深圳市，创业密度全国第一，正朝着建设中国特色社会主义先行示范区稳步前行。

深圳市福田区区长黄伟感慨地说：“全会系统总结了我们党在长期实践中探索出的科学制度体系。正是这一制度体系确保国家发展始终沿着正确的航道前行。我们今天取得的各项优异成绩正是这一制度的成果体现。”

正在贫困村宣讲调研的河北省邢台市新河县委书记李群江表示，全会提出我国国家制度和国家治理体系具有13个方面的显著优势，揭示了中国特色社会主义科学制度体系的优越性，充分证明了中国特色社会主义制度和国家治理体系深得人民拥护，具有强大生命力和巨大优越性。

新疆喀什地区叶城县亚尔阿格孜村，地处昆仑山腹地，交通不便、信息闭塞，是新疆扶贫难度大的区域之一。近年来，在各项扶贫政策的支持下，村民住进抗震安居房，家里通了水、电、网络，生活水平切实提高。

驻村第一书记田川强说：“大量国家干部驻村帮扶，带动广大农牧民脱贫致富，这是中国特色社会主义制度以人民为中心价值追求的具体表现。”

安徽省合肥市高新区党工委书记、管委会主任宋道军说，全会对国家制度和治理体系的一系列显著优势全面梳理，凝聚了全党智慧，更加坚定了全党全国人民对中国特色社会主义制度和国家治理体系的信心。

把制度优势更好转化为国家治理效能

11月1日，黑龙江省鹤岗市绥滨县召开了一场气氛热烈的座谈会。会上，有关政府部门和企业、群众面对面，倾听呼声，查找工作不足，优化窗口服务。

“群众关心的‘小事’，就是我们的‘大事’。”绥滨县营商环境建设监督局局长杨富滨表示，推进国家治理体系和治理能力现代化，对当地来说，当前很重要一点就是要着力解决企业对营商环境的诉求，以企业、群众期盼为出发点，让企业安心谋发展，让群众办事更满意。

绿水青山就是金山银山。党的十九届四中全会提出，坚持和完善生态文明制度体系，促进人与自然和谐共生。生态文明建设是关系中华民族永续发展的千年大计。

江西于都，这座红色之城，也在探索绿色发展。于都县委书记蓝捷说，要切实贯彻落实四中全会精神，继续坚持举生态旗、走生态路、创生态业，着力建设重点生态功能区，加快富民产业高质量发展。

小康不小康，关键看老乡。河南省开封市祥符区是开封探索乡村振兴模式的示范区域。

“农业农村工作本身就是国家治理体系的重要组成部分，在统筹城乡的大格局下，把三农工作放在更突出的位置，是治理理念的转变和深化。”正在村里调研的开封市委副书记秦保强话语坚定。

“要抓住发展中的问题和矛盾，我们必须真正走到百姓中间，走到群众心里。”四川省内江市委书记马波介绍，内江市针对群众最急最忧最盼的问题，选派第一书记、驻村工作队、农技员等入户指导，“下深水”真正把基层苦处、群众痛处收集起来、反映上来，一项一项抓落实，切实提高基层党组织的凝聚力和战斗力。

社会治理是国家治理的重要方面。近年来，山东省荣成市依托信用体系加强和创新社会治理工作，为群众带来获得感和幸福感。荣成市委副书记、政法委书记王洪晓表示，下一步，将按照四中全会部署，以乡村治理为重点，以农村信用体系建设为抓手，进一步创新管理模式、服务模式，构建起完备、规范、高效的基层治理体系。

确保党和国家事业蓬勃发展、长治久安

蓝图已绘就，奋进正当时。

“学习贯彻十九届四中全会精神，最终的落脚点是学以致用、学以促用。”西藏拉萨尼木县委书记杜国君说，“在今后工作中，我们将按照全会精神、对标 13 个‘坚持和完善’，结合本县实际情况综合提升治理能力，为国家发展和长治久安提供坚强保障。”

长江之畔的湖北省嘉鱼县，有着 109.6 公里的长江黄金水道。嘉鱼县委书记胡春雷说：“我们要抢抓长江经济带等重大发展机遇，落实好推进国家治理体系和治理能力现代化的相关要求，积极应对发展中的风险挑战，务实重行，奋力推进嘉鱼接续发展、科学发展、高质量发展。”

11 月 1 日起，江苏全省所有建设项目环评审批事项实现“一网通办”。“‘坚持和完善社会主义基本经济制度，推动经济高质量发展’是四中全会公报提出的重要内容之一。”江苏省南京市委常委、江宁区委书记李世贵说，近年来，从中央到省市陆续出台了一系列措施，有力降低了企业运行成本，促进企业公平竞争，为经济高质量发展奠定坚实基础。

陕西省延安市文化和旅游局党组书记、局长马东坡说：“延安是孕育文化艺术的热土。作为文化旅游工作者，我们在今后的工作中要贯彻落实好十九届四中全会精神，通过文化和旅游把延安的红色资源利用好、把红色传统发扬好、把红色基因传承好。”

不断满足人民对美好生活的向往，不断创造新的历史伟业。

甘肃省临夏回族自治州永靖县属于“三区三州”深度贫困地区。近年来，当地结合自身实际发展脱贫产业，使群众稳定增收。今年，该县即将整县脱贫摘帽。

“四中全会明确提出，坚决打赢脱贫攻坚战，建立解决相对贫困的长效机制。”永靖县委书记尹宝山说，深度贫困地区脱贫后，面临新的形势新的任务，必须全面贯彻落实全会精神，一手抓脱贫成果的巩固，一手抓县域治理能力和治理效能的提升，确保在实现中华民族伟大复兴中国梦的征程中齐步走、同到达！

（新华社北京 2019 年 11 月 2 日电 新华社记者）

以坚实的制度保障满足人民新期待

——各地城乡基层党员干部群众热议党的十九届四中全会精神

伟大成就凝聚人民力量，伟大宣示激发奋斗豪情。十九届四中全会审议通过了《中共中央关于坚持和完善中国特色社会主义制度、推进国家治理体系和治理能力现代化若干重大问题的决定》，在各地城乡基层党员干部群众中引起强烈反响。

大家表示，要认真学习贯彻落实十九届四中全会精神，奋发有为，真抓实干，向着坚持和完善中国特色社会主义制度、推进国家治理体系和治理能力现代化的目标迈出更坚实的步伐，为实现“两个一百年”奋斗目标和实现中华民族伟大复兴中国梦提供有力保障。

制度优势托起人民获得感

“家里的饮水情况怎么样了？生活上有什么困难多和我说说。”1日上午，广西隆安县南圩镇党委书记莫雄礼到辖区万朗村贫困户黄日芬家走访。十九届四中全会的召开，让这名壮族基层干部倍受鼓舞。

莫雄礼说，近年来，在党的领导下，南圩镇各项事业全面发展，全镇贫困发生率从2015年建档立卡识别时的22.44%下降至2018年底的2.63%。“坚持党的领导是我们获胜的根本。我们将充分发挥基层战斗堡垒作用，争取今年底全部贫困村实现脱贫摘帽。”

中国特色社会主义制度的优势，表现在百姓的笑容里，体现在人民的获得感里。

1日一大早，群山环抱的重庆市石柱土家族自治县中益乡，村民张玉芳骑着刚刚添置的电瓶车，来到村里的扶贫工坊，开始了一天的劳作。

能这样在家门口挣钱，是张玉芳以前“做梦都不敢想的事”。“这几年我们乡的路更好了，产业也发展起来了，这些变化老百姓都看在眼里、记在心头，从心底里感谢党和政府！”张玉芳满面春风。

“坚持和完善统筹城乡的民生保障制度，满足人民日益增长的美好生活需要。”云南省怒江傈僳族自治州泸水市大兴地镇中心完小校长祝小忠把全会公报中“统筹城乡”这四个字默念了好几遍。

“现在每个适龄孩子都能坐在宽敞明亮的教室里听课，教学环境一天比一天好。”祝小忠说，现在是“有学上”，将来还要“上好学”，相信未来乡村学校与城市学校间的差距会逐步缩小。

早饭后，青海省海北藏族自治州祁连县加木沟管护站站长冶文哥骑着摩托车在周边林区进行日常巡护。

“坚持和完善生态文明制度体系，促进人与自然和谐共生。这些年我亲眼见证了祁连山腹地生态环境不断向好，越来越多野生动物在这里安家。现在巡山时经常能看到马麝、岩羊等，红外线相机还经常记录下雪豹在祁连山活动的身影，如今这里已成为野生动物的天堂。”冶文哥的自豪之情溢于言表。

“坚持和完善中国特色社会主义行政体制，构建职责明确、依法行政的政府治理体系。”看着公报里的这句话，一飞智控（天津）科技有限公司创始人齐俊桐感慨地说：“这些年党和政府通过不断深化改革，减少了对市场配置资源的干预，让创业者焕发了强大活力。”

3年多时间，齐俊桐带领团队攻克100多项无人机技术，公司以每年超过300%的增速跨越式发展。“正是党和政府的重视，才能让我们创新型科技企业得到快速进步。”他说。

人民需求激发前行动力

1日上午8时许，太原重型机械集团有限公司会议室内，30多位公司党委中心组成员身着统一工作服，整齐列坐，认真学习党的十九届四中全会精神。同一时间，由太重集团为印度某公司制造的亚洲最大的550吨冶金铸造机产品，刚运抵天津，即将装船发运。

“全会提出，坚持和完善社会主义基本经济制度，推动经济高质量发展。这说到了企业的心坎里。”太重集团党委书记、董事长王创民说，迈向高质量发展不仅需要企业及早动手、主动创新，更需要国家相关制度创新。

深秋时节，位于宁夏回族自治区固原市彭阳县红河镇的东昂农业园内依然充满生机，大棚里枝叶新发，菜园里绿意盎然。

“‘提高行政效能，建设人民满意的服务型政府’，这就是我们的心声！”宁夏东昂农业科技有限公司董事长王前军激动地说，“企业的发展，既要我们自己静下心来深耕，也需要政府扶持呵护。四中全会给企业吃了一颗定心丸，相信国家的营商环境会越来越好，我们对未来发展充满信心！”

“完善覆盖全民的社会保障体系，强化提高人民健康水平的制度保障。”公报中的话一直在内蒙古自治区兴安盟科尔沁中心卫生院院长白玉壮的脑中回响。

“我们首先要保障辖区百姓享有基本医疗优质服务，让百姓好看病、看好病。”从事医疗卫生工作已有30年的白玉壮说，计划到2020年把辖区家庭签约医生的覆盖面由目前的35%扩展到60%。

在浙江省德清县雷甸镇杨墩生态农庄，望着一拨拨游客，杨墩村党委书记张建明露出欣慰笑容：“有了丰富的体验项目后，游客特别多，最多的一天门票能卖到26万元。”

这要感谢一场别开生面的“户主大会”。杨墩村978户家庭每户一名代表，与村两委来了场“头脑风暴”，做出与生态农庄开展股权合作的决定。

“四中全会提出，坚持和完善人民当家作主制度体系，发展社会主义民主政治。这让我体会很深。下一步，雷甸镇将创新工作方法，通过乡贤参事会、两代表一委员等载体，广听民意、云集民智。”雷甸镇党委书记夏永明说。

1日中午，福州市鼓楼区军门社区托管中心的餐厅里饭香阵阵，干净营养的三菜一汤，孩子们吃得津津有味。这是军门社区回应居民诉求开展的双职工家庭托管服务。

“建设人人有责、人人尽责、人人享有的社会治理共同体，确保人民安居乐业、社会安定有序”，公报中的这句话让军门社区党委书记林丹感到方向更清晰了。“社区要不断创新治理模式，让群众更方便、更平安、更幸福。”林丹说。

北京市丰台区卢沟桥街道工委书记高文娟说，全会公报提出的“必须坚持一切行政机关为人民服务、对人民负责、受人民监督”给她留下深刻印象。“我们要组织街道基层干部认真学习公报，深刻领会公报精神，进一步强化为人民服务宗旨，不断提高服务群众的能力和水平。”

凝心聚力开创美好未来

四中全会公报一发布，总部位于辽宁辽阳的奥克控股集团董事局主席朱建民就反复收听、认真学习和研究，一直到当天深夜。

“鼓舞人心，催人奋进！”朱建民激动地说，“四中全会聚焦国家治理体系和治理能力现代化，这意味着政府的决策力和政策执行力都将显著提升，必将激发起广大群众干事创业的热情和动力。”

连日来，各地基层党员干部群众都不约而同地通过不同形式，收看、收听公报内容。人们为之振奋，纷纷表达共建美好家园的决心。

“党是领导一切的，坚决维护党中央权威，健全总揽全局、协调各方的党的领导制度体系”，公报里的这句话，让吉林大学行政学院副院长许玉镇深有感触：“我国经济社会发展之所以能取得辉煌成就，最根本的是靠党的领导。有中国共产党团结带领中国人民，坚持中国特色社会主义道路，我们就有信心、有底气、有能力迎来更加伟大的中国。”

“县作为基层治理的前沿，要坚决履行好推动经济社会发展、管理社会事务、服务人民群众的重大职责，不断实现好、维护好、发展好人民群众的根本利益。”湖南桂阳县委书记彭生智说，我们将按照全会精神要求，不断创新社会治理，不断回应好新时代人民群众对美好生活的向往和期盼。

在贵州省，一个电梯物联网公共服务平台上，遵义市2000多台中航电梯的运行数据和实时视频一目了然。已将公报学习了好几遍的遵义市大数据发展局副局长杜宇说，下一步遵义将持续加大创新工作力度，为以大数据为引领的电子信息产业发展提供强大动力。

高标准高质量建设自贸试验区的行动在深刻改变着海南岛的面貌。“全会提出，推进合作共赢的开放体系建设。我们重任在肩。”海口市商务局局长蔡俏说，“我们将带着使命感责任感，将海南岛建设成一个政治清明、经济繁荣、生态优美、服务高效、人民宜居、和谐美丽的自由贸易港。”

（新华社北京2019年11月3日电）

坚定制度自信 建设一流军队
——全军官兵热议党的十九届四中全会精神

辉煌成就激荡人心，显著优势昭示未来。

4天前闭幕的党的十九届四中全会审议通过《中共中央关于坚持和完善中国特色社会主义制度、推进国家治理体系和治理能力现代化若干重大问题的决定》，在全军官兵中引起强烈反响。

广大官兵表示，要深入学习贯彻落实党的十九届四中全会精神，坚定信心，保持定力，锐意进取，开拓创新，构建中国特色社会主义军事政策制度体系，全面推进国防和军队现代化，实现党在新时代的强军目标，把人民军队全面建成世界一流军队。

“意义重大，影响深远。”军事科学院特聘首席专家、研究员何雷认为，用一次中央全会专门研究国家制度和国家治理问题，在我们党的历史上还是第一次。这次全会在实现“两个一百年”奋斗目标的历史交汇点上召开，是一次具有开创性和里程碑意义的重要会议，充分体现了以习近平同志为核心的党中央高瞻远瞩的战略眼光和强烈的历史担当，充分反映了新时代党和国家事业发展的新要求和人民群众的新期待。

“这是一篇马克思主义的纲领性文献，也是一篇坚持和发展中国特色社会主义的政治宣言书。”西部战区副司令员兼参谋长戎贵卿仔细研读后认为，《中共中央关于坚持和完善中国特色社会主义制度、推进国家治理体系和治理能力现代化若干重大问题的决定》全面总结党领导人民在我国国家制度建设和国家治理方面取得的成就、积累的经验、形成的原则，重点阐述坚持和完善支撑中国特色社会主义制度的根本制度、基本制度、重要制度，部署需要深化的重大体制机制改革、需要推进的重点工作任务，为新时代坚持和完善中国特色社会主义制度、推进国家治理体系和治理能力现代化指明了前进方向、提供了根本遵循。

官兵们认为，中国共产党自成立以来，团结带领人民，坚持把马克思主义基本原理同中国具体实际相结合，赢得了中国革命胜利，并深刻总结国内外正反两方面经验，不断探索实践，不断改革创新，建立和完善社会主义制度，形成和发展党的领导和经济、政治、文化、社会、生态文明、军事、外事等各方面制度，加强和完善国家治理，取得历史性成就。

“92 年来，人民军队不断从胜利走向胜利，一个极其重要的历史经验，就是始终坚持党对人民军队的绝对领导。”学习讨论中，中部战区政治工作部宣传局局长王六顺认为，全会将坚持和完善党对人民军队的绝对领导制度，作为坚持和完善中国特色社会主义制度的重要内容予以明确，标志着中国特色社会主义军事领导制度更加成熟定型。

第 71 集团军“王杰班”所在旅政委张振东认为，党对人民军队的绝对领导是人民军队的建军之本、强军之魂。必须牢固确立习近平强军思想在国防和军队建设中的指导地位，巩固和拓展深化国防和军队改革成果，永葆人民军队的性质、宗旨、本色。

海军西沙中建岛守备营教导员刘长文说，要坚持人民军队最高领导权和指挥权属于党中央，健全人民军队党的建设制度体系，把党对人民军队的绝对领导贯彻到军队建设各领域全过程。

“制度，是定国安邦的根本。”火箭军某旅政委李保国说，我国取得的辉煌成就充分证明，中国特色社会主义制度和国家治理体系是以马克思主义为指导、植根中国大地、具有深厚中华文化根基、深得人民拥护的制度和治理体系，具有强大生命力和巨大优越性。

空军某雷达站指导员李军认为，全会总结出我国国家制度和国家治理体系具有的 13 条显著优势，全面反映了我们党在长期治理实践中取得的成功经验，深刻揭示了中国发展奇迹背后的制度逻辑和优势。

从坚持党的集中统一领导、坚持人民当家作主、坚持全面依法治国，到坚持全国一盘棋、坚持各民族一律平等、坚持以人民为中心的发展思想……火箭军某旅、第 76 集团军某旅、战略支援部队某部官兵认为，这些显著优势系统回答了“中国特色社会主义为什么好”的重大问题，为坚定中国特色社会主义道路自信、理论自信、制度自信、文化自信提供了基本依据。

连日来，第 77 集团军某旅干部贾树鹏奋战在扶贫一线。他说，增进人民福祉、促进人的全面发展是我们党立党为公、执政为民的本质要求。我们相信随着各项民生保障制度进一步完善，人民群众的生活一定会越来越好。

一分部署，九分落实。官兵们认为，当前我国正处于实现伟大复兴关键时期。要不断满足人民对美好生活新期待、战胜前进道路上的各种风险挑战，就必须把思想和行动统一到全会精神上来，把坚持和完善中国特色社会主义制度、推进国家治理体系和治理能力现代化作为全党的一项重大战略任务，让制度优势更好转化为国家治理效能。

在万里之遥的非洲大陆，我国赴刚果（金）维和工兵分队官兵利用网络学习会议公报内容，并结合担负任务展开讨论。官兵们说，全会公报提出，坚持和完善独立自主的和平外交政策，推动构建人类命运共同体。我们要坚决完成好维和任务，坚定不移为维护世界和平、促进共同发展贡献力量。

宏图已绘就，奋进正当时。空军航空兵某团官兵认为，当今世界正处于百年未有之大变局，前进道路上不可能一帆风顺。只要充分发挥我国国家制度和国家治理体系的巨大优势，推动全会各项决策部署落地见效，“中国号”巨轮一定能乘风破浪、再创辉煌。

从北国边疆到南国海岛，从东海之滨到西部高原，座座军营掀起一轮又一轮学习党的十九届四中全会精神热潮。广大官兵表示，要更加紧密地团结在以习近平同志为核心的党中央周围，为坚持和完善中国特色社会主义制度、推进国家治理体系和治理能力现代化，实现“两个一百年”奋斗目标、实现中华民族伟大复兴的中国梦而努力奋斗！

（新华社北京2019年11月4日电 新华社记者梅世雄）

建诤言献良策，助力国家治理体系和治理能力现代化

——各民主党派中央、全国工商联和无党派人士热议中共十九届四中全会精神

中共十九届四中全会对坚持和完善中国特色社会主义制度、推进国家治理体系和治理能力现代化作出重大战略部署，全会审议通过了《中共中央关于坚持和完善中国特色社会主义制度、推进国家治理体系和治理能力现代化若干重大问题的决定》，在各民主党派中央、全国工商联和无党派人士中引起热烈反响。

大家表示，要把学习贯彻全会精神作为当前和今后一个时期的首要政治任务，坚持以习近平新时代中国特色社会主义思想为指导，围绕制度建设、治理体系和治理能力建设建诤言、献良策，为坚持和完善中国特色社会主义制度、推进国家治理体系和治理能力现代化作出更大贡献。

民革中央在学习中认为，中共十九届四中全会是在庆祝新中国成立70周年的重要节点，向全面建成小康社会、实现第一个百年奋斗目标迈进的关键之年召开的一次重要会议。全会通过的《决定》，是完善和发展我国国家制度和治理体系的纲领性文件，是迈向“中国之治”新境界的重要里程碑。民革将更加紧密地团结在以习近平同志为核心的中共中央周围，把思想和行动统一到全会作出的一系列重大决策部署上来，充分发挥民革参政议政优势，提高履职实效，为坚持和完善中国特色社会主义制度、推进国家治理体系和

治理能力现代化，实现“两个一百年”奋斗目标、实现中华民族伟大复兴的中国梦而努力奋斗。

民盟中央在学习中认为，中共十九届四中全会对坚持和完善中国特色社会主义制度、推进国家治理体系和治理能力现代化作出政治宣示，体现了以习近平同志为核心的中共中央高瞻远瞩的战略眼光和强烈的历史担当。民盟中央将把学习贯彻全会精神作为当前和今后一个时期的首要政治任务，与深入开展“不忘合作初心，继续携手前进”主题教育活动结合起来，团结引导广大盟员，始终在思想上政治上行动上与以习近平同志为核心的中共中央保持高度一致，围绕制度建设、治理体系和治理能力建设建诤言、献良策，履行好参政党职能，为坚持和完善中国特色社会主义制度、推进国家治理体系和治理能力现代化作出应有的贡献。

民建中央在学习中认为，中共十九届四中全会是我国现代化进程中的又一里程碑事件。全会通过的《决定》，必将对推动各方面制度更加成熟更加定型、把我国制度优势更好转化为国家治理效能产生重大而深远的影响。民建中央将把学习贯彻全会精神作为重大政治任务，与深入开展“不忘合作初心，继续携手前进”主题教育活动结合起来，按照“四新”“三好”要求，努力提高中国特色社会主义参政党建设水平，坚持在中国共产党领导的多党合作和政治协商制度中发挥作用，在参与国家治理中凝聚共识和建言资政双向发力，以履职尽责的新作为彰显新型政党制度优势，助力国家治理体系和治理能力现代化。

民进中央在学习中认为，中共十九届四中全会把坚持和完善中国特色社会主义制度、推进国家治理体系和治理能力现代化作为全党的一项重大战略任务，擘画总体目标，作出制度安排，为在新时代坚持和发展中国特色社会主义进一步指明了方向。中国特色社会主义参政党是国家治理体系的重要组成部分，民进要充分发挥在教育文化出版传媒领域的界别优势，发扬“立会为公”优良传统，在参与国家治理中凝聚共识，以履职能力新提高和履职尽责新作为，助力国家治理体系和治理能力现代化，体现出中国新型政党制度的独特优势和作用。

农工党中央在学习中认为，研究坚持和完善中国特色社会主义制度、推进国家治理体系和治理能力现代化若干重大问题，是中共十九届四中全会的鲜明主题。农工党全体党员要自觉与以习近平同志为核心的中共中央在思想上政治上行动上保持高度一致，深入开展“不忘合作初心，继续携手前进”主题教育活动，以助推健康中国、美丽中国建设为工作主线，以实际行动坚持好发展好完善好我国新型政党制度，努力建设符合新时代要求的高素质中国特色社会主义参政党，更好地为决胜全面建成小康社会、夺取新时代中国特色社会主义伟大胜利、实现中华民族伟大复兴的中国梦贡献智慧和力量。

致公党中央在学习中认为，中共十九届四中全会是在新中国成立 70 周年之际，在“两个一百年”奋斗目标历史交汇点上召开的一次具有开创性、里程碑意义的重要会议。致公党全体党员要认真学习贯彻全会精神，提高政治站位，增强“四个意识”，坚定“四个自信”，做到“两个维护”，始终在思想上政治上行动上同以习近平同志为核心的中共中央保持高度一致。继续发扬“致力为公”优良传统，勇担“侨海报国”时代使命，围绕国家治理体系和治理能力现代化认真履职建言，以奋进新时代、争创新业绩的实际行动，为实现“两个一百年”奋斗目标和中华民族伟大复兴的中国梦贡献力量。

九三学社中央在学习中认为，中共十九届四中全会围绕坚持和完善中国特色社会主义制度、推进国家治理体系和治理能力现代化作出的《决定》，充分体现了以习近平同志为核心的中共中央高瞻远瞩的战略眼光和强烈的历史担当，充分反映了新时代党和国家事业发展的新要求和人民群众的新期待。九三学社各级组织及全体成员要把学习贯彻全会精神作为当前和今后一个时期的重大政治任务，突出科技特色和界别优势，紧密围绕坚持和完善中国特色社会主义制度、推进国家治理体系和治理能力现代化中的重大问题，深入调查研究，积极建言献策，为中华民族伟大复兴作出应有贡献。

台盟中央在学习中认为，举世瞩目的中共十九届四中全会胜利召开，全会审议通过的《决定》是完善和发展我国国家制度和治理体系的纲领性文件。

台盟要把认真学习贯彻全会精神作为当前和今后一个时期的重要政治任务，紧紧抓住国家发展大局和两岸关系发展大势的结合点，深入开展调研，深化“一盘棋、一股绳”，“心连心、实打实”，“精准帮、助小康”，充分发挥自身特色和优势，为促进两岸经济社会融合发展，为坚持和完善中国特色社会主义制度、推进国家治理体系和治理能力现代化，为实现祖国统一大业和中华民族伟大复兴的中国梦作出新贡献。

全国工商联在学习中认为，党的十九届四中全会是站在历史交汇点上的一次伟大宣示，对把我国制度优势更好转化为国家治理效能，确保党和国家长治久安具有重大而深远的意义。全国工商联要紧密团结在以习近平同志为核心的党中央周围，以习近平新时代中国特色社会主义思想为指导，更好发挥桥梁纽带和助手作用，积极参政议政，畅通非公有制经济人士有序参与政治生活和社会事务的渠道，协助推动落实有关政策措施，推进改善优化营商环境，推动民营企业实现高质量发展，促进非公有制经济健康发展和非公有制经济人士健康成长，发挥工商联独特作用，为国家治理体系和治理能力现代化贡献力量。

无党派人士在学习中认为，中共十九届四中全会是在全面建成小康社会决胜阶段召开的一次十分重要的大会。新中国70年取得的历史性成就充分证明，中国特色社会主义制度和国家治理体系具有显著优势，是当代中国发展进步的根本保障。中国共产党领导的多党合作和政治协商制度是中国特色社会主义制度的重要内容，具有强大生命力和巨大优越性。无党派人士要紧密团结在以习近平同志为核心的中共中央周围，充分发挥人才智力优势，为坚持和完善中国特色社会主义制度、推进国家治理体系和治理能力现代化献计出力、添砖加瓦，为把我国制度优势更好转化为国家治理效能、实现中华民族伟大复兴的中国梦作出更大贡献。

（新华社北京2019年11月5日电 新华社记者王琦）

不断开创“中国之治”新境界

——广大知识分子和青年学生热议党的十九届四中全会精神

这是站在历史交汇点上的伟大宣示，这是确保党和国家事业蓬勃发展、长治久安的行动纲领。

党的十九届四中全会审议通过《中共中央关于坚持和完善中国特色社会主义制度、推进国家治理体系和治理能力现代化若干重大问题的决定》，在广大知识分子和青年学生中引起强烈反响。

大家表示，要认真学习贯彻落实全会精神，坚定制度自信，不断推进国家治理体系和治理能力现代化，沿着党和人民开辟的正确道路，保持定力，开拓创新，为实现“两个一百年”奋斗目标和中华民族伟大复兴中国梦奋力前行。

把党的领导这一最大优势更加充分发挥好

办好中国的事情，关键在党。

新中国成立70年来，创造了经济快速发展和社会长期稳定“两大奇迹”，正是因为始终坚持党的领导。

“小时候出行还靠翻山越岭，现如今飞机高铁拉近了距离；小时候背着包袱装着干粮，现如今一部手机就可以走天下……70年变化天翻地覆。实践充分证明，坚持和完善党的领导，是党和国家的根本所在、命脉所在，是全国各族人民的利益所在、幸福所在。”山西大学科学技术史研究所教授贺天平说。

正在中央社会主义学院第42期民主党派干部培训班上学习的江西师范大学教授卢宇荣，第一时间认真学习了全会精神，认为这次会议显示了中国共产党正带领全体人民，在坚持和完善中国特色社会主义制度、推进国家治理体系和治理能力现代化的过程中开拓前行，为长远未来积极谋划。

她表示，作为民主党派的知识分子，要坚定维护中共中央权威和集中统一领导的各项制度，积极建言献策，履职尽责。

党的十九届四中全会第一次系统描绘中国特色社会主义制度的“图谱”，其中党的领导制度是国家的根本领导制度，统领和贯穿其他方面制度。

负责四中全会文件读物出版编辑工作的人民出版社政治编辑一部主任张振明表示，中国共产党领导是中国特色社会主义最本质的特征，是中国特色社会主义制度的最大优势。“突出党的领导制度在中国特色社会主义制度和国家治理体系中的统领地位，抓住了国家治理的关键和根本，彰显了我们党牢记初心使命、以坚强领导铸就千秋伟业的责任担当。推进国家治理体系和治理能力现代化，就要把党的领导这一最大优势更加充分发挥好。”

当今世界正经历百年未有之大变局，我国正处于实现中华民族伟大复兴关键时期，党的领导是我们应对挑战、赢得主动的“定海神针”。

外交学院校学生会主席张鼎文和同学们密切关注着四中全会的消息。全会提出，要健全党对外事工作领导体制机制，完善全方位外交布局，推进合作共赢的开放体系建设，积极参与全球治理体系改革和建设，令他印象深刻。

“在中国共产党的坚强领导下，中国日益走近世界舞台中央，在区域和国际组织中发挥更加重要的作用。”张鼎文表示，要努力学习，增强本领，在更加广阔的舞台上发出中国之声，推动构建人类命运共同体。

以人民为中心加强和完善国家治理

治国有常，利民为本。

“党的十九届四中全会作出一系列重大部署，充分体现了以人民为中心的发展思想，彰显了我们党治国理政的不变初心与使命担当。”中国社会科学院学部委员李培林连日来参加了多场党的十九届四中全会精神学习会，感触颇深。

通过基层调研，李培林切身感受到广大人民群众的获得感、幸福感、安全感不断增强。“新中国成立70年特别是改革开放40多年来的发展经验告诉我们，贫穷不是社会主义。坚持以人民为中心的发展思想，不断保障和改善民生、增进人民福祉，走共同富裕道路，是我国国家制度和国家治理体系显著优势所在。”

利民之事，丝发必兴。党的十九届四中全会公报明确提出要“坚持和完善统筹城乡的民生保障制度”，这让长期从事相关领域研究的中国人民大学教授郑功成倍感振奋。

“2018年，我国高等教育毛入学率达48.1%；70年来，医疗卫生事业的发展使人均预期寿命从35岁增加到77岁；就业人数从1949年的1.8亿人增加到2018年的7.8亿人；纳入保障范围的人员越来越多，社会保障卡的持卡人数目前已近13亿人；城镇人均住房建筑面积由1949年的8.3平方米提高到2018年的39平方米。”郑功成以一组数据描绘着新时代中国的民生图景。

郑功成认为，下一步民生保障工作的目标任务就是坚持并优化现行制度安排，缩小城乡之间、地区之间、不同群体之间的差距，不断提升民生保障制度的公平性，使改革发展成果更多更公平惠及全体人民。

重庆大学数学与统计学院大四学生杨帆在手机上认真阅读了党的十九届四中全会公报全文。“公报里‘人民’二字提了50多次。”杨帆说，“社会主义社会是人民的社会，社会主义国家是人民的国家。我们每个人都有责任为实现中国梦贡献自己的智慧和力量。作为新时代的大学生，我们要让青春在为祖国、为人民的奉献中绽放光彩！”

把制度优势更好转化为国家治理效能

制度是定国安邦的根本，成就伟业的保障。

党的十九届四中全会为把我国制度优势更好转化为国家治理效能指明了前进方向，为推动各方面制度更加成熟更加定型明确了时间表、路线图。

“制度的生命力在于执行。”港珠澳大桥首席管理专家、南京大学工程管理学院教授盛昭瀚说，港珠澳大桥历时9年建设，全长55公里，它不仅是用心血和汗水浇筑的横跨三地的“海上长城”，更是中国特色社会主义制度优越性的集中体现。“只有通过强化执行力才能使制度功效落地，把制度优势更好转化为国家治理效能。”

把制度优势转化为国家治理效能，也需要通过持续推进改革创新，提升人民群众的获得感幸福感。

中国（深圳）综合开发研究院常务副院长郭万达表示，伴随我国城市化水平的不断提高，也要在城市建设的过程中，把一系列规章制度转化为服务城建和服务人民的治理实践。

“坚持以人民为中心，人民城市人民建，通过创新城市的公共服务供给和社会治理实践，实现共建共享共同富裕的发展格局。”郭万达说，要坚持改革创新，实现城市的精细化管理和营商环境的改善，增强城市的竞争力，这也是制度优势转化为治理效能的重要内容。

骐骥千里，非一日之功。在一代又一代人的接续奋斗中，国家治理体系和治理能力的现代化将不断迈上新的台阶。

中山大学医学院病原生物学研究生周凌悦和同学们一起学习了党的十九届四中全会精神。“医疗服务是民生保障的重要一环，也是国家治理效能的重要体现。制度体系的不断完善为我国医疗水平的进步提供了支撑，也为我们的学习环境提供了保障。”作为一名基础医学的科研型研究生，她表示，将积极投身于国家医学发展的浪潮中，为提高人民健康水平贡献力量。

“这次会议振奋人心。作为一名民族高校教师，深感责任重大，新时代要努力担当新作为。”中南民族大学计算机科学学院副院长李子茂说，党的十九届四中全会增强了我们坚定不移把中国特色社会主义制度和国家治理体系坚持好、发展好的信心和勇气。要奋发有为，真抓实干，将制度优势更好地转化为国家治理效能，不断开创“中国之治”新境界。

（新华社北京2019年11月6日电 记者 史竞男、王鹏、高蕾）

筑牢实现伟大复兴的制度保障
——一论学习贯彻党的十九届四中全会精神

刚刚闭幕的党的十九届四中全会，是在庆祝新中国成立70周年的重要节点，向全面建成小康社会、实现第一个百年奋斗目标迈进的关键之年召开的一次重要会议。全会审议通过的《中共中央关于坚持和完善中国特色社会主义制度、推进国家治理体系和治理能力现代化若干重大问题的决定》，充分肯定我们党治理国家取得的历史性成就，全面总结我国国家制度和国家治理体系的显著优势，明确了加强和完善国家治理必须坚持的基本原则以及总体目标、工作要求，为坚定制度自信、实现伟大梦想提供了根本遵循、指明了正确方向。

我国国家治理体系和治理能力是中国特色社会主义制度及其执行能力的集中体现。新中国成立70年来，我们党领导人民创造了世所罕见的经济发展奇迹和政治稳定奇迹，中华民族迎来了从站起来、富起来到强起来的伟大飞跃。党的十八大以来，我们党领导人民统筹推进“五位一体”总体布局、协调推进“四个全面”战略布局，推动中国特色社会主义制度更加完善、国家治理体系和治理能力现代化水平明显提高，为政治稳定、经济发展、文化繁荣、民族团结、人民幸福、社会安宁、国家统一提供了有力保障。我国取得的辉煌成就充分证明，中国特色社会主义制度和国家治理体系是以马克思主义为指导、植根中国大地、具有深厚中华文化根基、深得人民拥护的制度和治理体系，具有强大生命力和巨大优越性，必将持续推动我国经济社会发展进步，为实现“两个一百年”奋斗目标进而实现中华民族伟大复兴提供有力制度保障。

成就彰显优势，更坚定自信。全会全面总结出我国国家制度和国家治理体系13个方面的显著优势。从坚持党的集中统一领导、坚持人民当家作主、坚持全面依法治国，到坚持全国一盘棋、坚持各民族一律平等、坚持以人民为中心的发展思想，再到坚持改革创新、坚持“一国两制”、坚持独立自主和对外开放相统一……这些显著优势，全面反映了我们党在长期治理实践中取得的成功经验，深刻揭示了中国发展奇迹背后的制度原因和制度优势，系统回答了“中国特色社会主义为什么好”的重大问题，为坚定中国特色社会主义道路自信、理论自信、制度自信、文化自信提供了基本依据。我们要牢牢把握我国国家制度和国家治理体系的显著优势，继续沿着党和人民开辟的正确道路前进，不断推进国家治理体系和治理能力现代化。

当今世界正经历百年未有之大变局，我国正处于实现中华民族伟大复兴关键时期。顺应时代潮流，适应我国社会主要矛盾变化，战胜前进道路上各种风险挑战，必须加强对重大问题的研究。只有增强“四个意识”，坚定“四个自信”，做到“两个维护”，突出坚持和完善支撑中国特色社会主义制度的根本制度、基本制度、重要制度，着力固根基、扬优势、补短板、强弱项，构建系统完备、科学规范、运行有效的制度体系，加强系统治理、依法治理、综合治理、源头治理，才能把我国制度优势更好转化为国家治理效能。我们要深入学习贯彻全会精神，把思想和行动统一到全会作出的一系列重大决策部署上来，履职尽责、扎实努力，为确保党和国家事业蓬勃发展、长治久安贡献力量。

坚持和完善中国特色社会主义制度、推进国家治理体系和治理能力现代化，是全党的一项重大战略任务。宏伟蓝图已经绘就，目标要求已经明确。让我们更加紧密地团结在以习近平同志为核心的党中央周围，坚定制度自信，锐意开拓进取，向着坚持和完善中国特色社会主义制度、推进国家治理体系和治理能力现代化的目标迈出更加坚实步伐！

（新华社北京2019年10月31日电　新华社评论员）

把制度优势更好转化为国家治理效能
——二论学习贯彻党的十九届四中全会精神

党的十九届四中全会系统总结我国国家制度和国家治理体系多方面的显著优势，明确了坚持和完善中国特色社会主义制度、推进国家治理体系和治理能力现代化的指导思想、总体要求、总体目标和重点任务，为把我国制度优势更好转化为国家治理效能指明了前进方向。

制度是定国安邦的根本，成就伟业的保障。新中国成立70年来，我们党领导人民不断探索实践，形成了一套具有强大生命力和巨大优越性的中国特色社会主义制度和国家治理体系。四中全会集中概括了我国国家制度和国家治理体系13个方面的显著优势，这是我们坚定“四个自信”的基本依据。深入学习贯彻四中全会精神，要突出坚持和完善支撑中国特色社会主义制度的根本制度、基本制度、重要制度，在固根基、扬优势、补短板、强弱项上下功夫，构建系统完备、科学规范、运行有效的制度体系，加强系统治理、依法治理、综合治理、源头治理，不断开创“中国之治”的新境界。

党政军民学、东西南北中，党是领导一切的。中国共产党领导是中国特色社会主义最本质的特征，是中国特色社会主义制度的最大优势。把制度优势更好转化为国家治理效能，最根本的是坚持和完善党的领导。四中全会第一次系统描绘了中国特色社会主义制度的图谱，其中党的领导制度是国家的根本领导制度，它统领和贯穿其它各个方面的制度。着眼于健全总揽全局、协调各方的党的领导制度体系，四中全会提出了6个方面的要求，明确了党的领导制度体系的基本要素。贯彻落实全会精神，就要毫不动摇地坚持和完善党的领导制度体系，不断提高党科学执政、民主执政、依法执政水平，把党的领导落实到国家治理各领域各方面各环节，保证党领导人民有效治理国家。

制度的生命力在于执行。把制度优势更好转化为国家治理效能，需要强化制度执行力。国家治理体系和治理能力是一个国家的制度和制度执行能力的集中体现，两者相辅相成、缺一不可。实践充分证明，没有强大的执行能力，再好的制度也难以发挥作用。提升制度执行力，首先应不断增强制度意识，严格按照制度履行职责、行使权力、开展工作，在制度的轨道上推进各项事业。同时也应加强制度执行的监督，以党员干部示范引领全社会自觉维护制度权威，充分发挥制度保障推动社会发展进步的作用。

实践永无止境，创新永无止境。把制度优势更好转化为国家治理效能，更加需要推进改革创新。中国特色社会主义制度和国家治理体系，是我们党团结带领人民在不断探索实践、不断改革创新中形成的，也必须和必然在改革创新中走向更加成熟更加完善。新征程上，我们要在坚持好、巩固好已经建立起来并经过实践检验的根本制度、基本制度、重要制度的前提下，从国情出发，及时总结实践中的好经验好做法，继续加强制度创新，在实践中不断推进国家治理体系和治理能力现代化。

（新华社北京 2019 年 11 月 1 日电　新华社评论员）

以人民为中心加强和完善国家治理

——三论学习贯彻党的十九届四中全会精神

“治国有常，而利民为本。”党的十九届四中全会作出的一系列重大部署中，从坚持和完善人民当家作主制度体系，到坚持和完善中国特色社会主义行政体制，从坚持和完善统筹城乡的民生保障制度，到坚持和完善共建共治共享的社会治理制度，充分体现了以人民为中心的发展思想，彰显了我们党治国理政的不变初心与使命担当。

人民是共和国的坚实根基，是我们党执政的最大底气。坚持人民当家作主，发展人民民主，密切联系群众，紧紧依靠人民推动国家发展，是我国国家制度和国家治理体系的一大显著优势。无论是人民代表大会制度这一根本政治制度，还是充满活力的基层群众自治制度，我国的一系列制度安排，保证了人民当家作主的权利。深入学习贯彻四中全会精神，必须坚持和完善人民当家作主制度体系，坚定不移走中国特色社会主义政治发展道路，确保人民依法通过各种途径和形式管理国家事务，管理经济文化事业，管理社会事务，充分体现人民主体地位。

发展依靠人民，发展为了人民。增进人民福祉、促进人的全面发展是我们党立党为公、执政为民的本质要求。新中国砥砺奋进的 70 年，是广大人民获得感、幸福感、安全感不断增强的 70 年，体现了我国国家制度和国家治理体系坚持以人民为中心的发展思想，不断保障和改善民生、增进人民福祉，走共同富裕道路的显著优势。贯彻落实全会精神，就要坚持和完善统筹城乡的民生保障制度，不断健全幼有所育、学有所教、劳有所得、病有所医、老有所养、住有所居、弱有所扶等方面国家基本公共服务制度体系，注重加强普惠性、基础性、兜底性民生建设。要在健全有利于更充分更高质量就业的促进机制、完善覆盖全民的社会保障体系、建立解决相对贫困的长效机制等方面下更大气力，满足人民多层次多样化需求，使改革发展成果更多更公平惠及全体人民。

民之所望，政之所向。国家行政管理承担着按照党和国家决策部署推动经济社会发展、管理社会事务、服务人民群众的重大职责。加快推动政府职能转变、效能提升，才能更好服务人民。贯彻落实全会精神，就要坚持和完善中国特色社会主义行政体制，坚持一切行政机关为人民服务、对人民负责、受人民监督，加快转变政府职能，创新行政方式，提高行政效能，强化对行政权力的制约和监督，建设人民满意的服务型政府。

民惟邦本，本固邦宁。坚持以人民为中心加强和完善国家治理，更好满足人民日益增长的美好生活需要，充分激发蕴藏在人民中的创造伟力，就能确保国家长治久安、人民安居乐业。

（新华社北京 2019 年 11 月 2 日电　新华社评论员）

提高依法治国依法执政能力

——四论学习贯彻党的十九届四中全会精神

法治是推动经济社会发展的有效治理方式，也是我们党治国理政的基本方式。党的十九届四中全会提出坚持和完善中国特色社会主义法治体系，提高党依法治国、依法执政能力的明确要求。这为进一步推进全面依法治国、建设法治中国，在法治轨道上坚持和完善中国特色社会主义制度、推进国家治理体系和治理能力现代化指明了方向和路径。

“法者，治之端也”。建设中国特色社会主义法治体系、建设社会主义法治国家是坚持和发展中国特色社会主义的内在要求。新中国成立 70 年特别是改革开放以来，我们党领导人民不断探索实践，逐步形成了中国特色社会主义国家制度和法律制度，为当代中国发展进步提供了根本保障。党的十八大以来，以习近平同志为核心的党中央从前所未有的高度谋划法治，以前所未有的广度和深度践行法治，开辟出全面依法治国的新境界，凸显切实保障社会公平正义和人民权利的显著优势。只有坚持和完善中国特色社会主义法治体系，提高党依法治国、依法执政能力，才能推动中国特色社会主义事业不断发展。

提高党依法治国、依法执政能力，必须坚定不移走中国特色社会主义法治道路。中国特色社会主义法治道路，本质上是中国特色社会主义道路在法治领域的具体体现，是建设社会主义法治国家的唯一正确道路。其核心要义，就是坚持党的领导，坚持中国特色社会主义制度，贯彻中国特色社会主义法治理论。新征程上，我们要坚定不移走中国特色社会主义法治道路，全面推进依法治国，坚持依法治国、依法执政、依法行政共同推进，坚持法治国家、法治政府、法治社会一体建设，不断解放和增强社会活力、促进社会公平正义、维护社会和谐稳定、确保党和国家长治久安。

治国凭圭臬，安邦靠准绳。坚持和完善中国特色社会主义法治体系，提高党依法治国、依法执政能力，需要有力制度保障。依法治国首先要坚持依宪治国，依法执政首先要坚持依宪执政。必须加强宪法实施和监督、落实宪法解释程序机制、推进合宪性审查工作、加强备案审查制度和能力建设，健全保证宪法全面实施的体制机制。要完善立法体制机制，不断提高立法质量和效率，聚焦我国社会主要矛盾深刻变化，坚持法治建设为了人民、依靠人民，健全社会公平正义法治保障制度。要加强对法律实施的监督，保证行政权、监察权、审判权、检察权得到依法正确行使。

“徒善不足以为政，徒法不能以自行。”广大党员干部带头尊法学法守法用法，树立办事依法、遇事找法、解决问题用法、化解矛盾靠法的法治理念，提高运用法治思维和法治方式的能力，就能带动全社会严格执行和遵守法律，运用法治力量促进发展、保障善治。

（新华社北京 2019 年 11 月 3 日电 新华社评论员）

把党的领导落实到国家治理各领域各方面各环节
——五论学习贯彻党的十九届四中全会精神

党的十九届四中全会把坚持和完善党的领导制度体系放在突出位置，并把坚持和加强党的领导的要求全面体现到各方面制度安排中。这为坚持和完善中国特色社会主义制度、推进国家治理体系和治理能力现代化，指明了必须准确把握的关键和根本。

办好中国的事情，关键在党。70年来，正是因为始终坚持党的集中统一领导，新中国各项事业才能蓬勃发展，社会主义制度才能在古老的东方大国扎根生长并不断展现强大生机活力。党政军民学、东西南北中，党是领导一切的。中国共产党领导是中国特色社会主义最本质的特征，是中国特色社会主义制度的最大优势。坚持和完善党的领导，是党和国家的根本所在、命脉所在，是全国各族人民的利益所在、幸福所在。

“天下之势不盛则衰，天下之治不进则退。”当今世界正经历百年未有之大变局，我国正处于实现中华民族伟大复兴的关键时期。顺应时代潮流，把握历史机遇，统揽伟大斗争、伟大工程、伟大事业、伟大梦想，不断满足人民对美好生活新期待，战胜前进道路上各种风险挑战，必须坚决维护以习近平同志为核心的党中央权威，健全总揽全局、协调各方的党的领导制度体系，把党的领导落实到国家治理各领域各方面各环节，确保党始终成为中国特色社会主义事业的坚强领导核心。坚持和完善党的领导制度体系，提高党科学执政、民主执政、依法执政水平，才能保证各方面制度建设、各项事业发展始终沿着正确方向行稳致远。

四中全会提出，要建立不忘初心、牢记使命的制度，完善坚定维护党中央权威和集中统一领导的各项制度，健全党的全面领导制度，健全为人民执政、靠人民执政各项制度，健全提高党的执政能力和领导水平制度，完善全面从严治党制度。这六个方面制度构成了党的领导制度体系的基本要素。贯彻落实好四中全会精神，要深刻把握坚持和完善党的领导制度体系的重要意义和实践要求，切实把党的领导落实到国家治理各领域各方面各环节。

坚持和完善中国特色社会主义制度、推进国家治理体系和治理能力现代化，是全党的一项重大战略任务。既要把党的领导贯彻和体现到改革发展稳定、内政外交国防、治党治国治军等各个领域，又要始终在党的领导下坚持和完善中国特色社会主义制度，更好发挥党的领导这个中国特色社会主义制度的最大优势，让发展更有质量、治理更有水平、人民更加幸福。

（新华社北京 2019 年 11 月 4 日电　新华社评论员）

强化制度意识，增强制度执行力
——六论学习贯彻党的十九届四中全会精神

一分部署，九分落实。党的十九届四中全会擘画了坚持和完善中国特色社会主义制度、推进国家治理体系和治理能力现代化的宏伟蓝图。把思想统一到全会精神上来，把行动落实到全会的重大决策部署上来，是当前全党面临的重要政治任务和重大战略任务。

小智治事，大智治制。当今世界正经历百年未有之大变局，我国正处于实现中华民族伟大复兴的关键时期。进入新时代，继续深化改革、扩大开放，继续推动各项事业发展，具有许多新的内涵和特点，其中很重要的一个方面就是制度建设的分量更重、任务更加艰巨。深刻把握时与势，把制度建设和治理能力建设摆在更加突出位置，推动各方面制度更加成熟更加定型，推进国家治理体系和治理能力现代化，是实现“两个一百年”奋斗目标的重大任务，是把新时代改革开放推向前进的根本要求，是应对风险挑战、赢得主动的有力保证。

思想是行动的先导。贯彻落实四中全会精神，必须统一思想、凝心聚力，加强制度理论研究和教育宣传，坚定制度自信。我们要充分认识到我国国家制度和国家治理体系来之不易，具有多方面的显著优势，必须倍加珍惜、始终坚持、不断完善。要坚持从国情出发、从实际出发，既把握长期形成的历史传承，又把握党和人民在我国国家制度和国家治理方面走过的道路、积累的经验、形成的原则，坚定不移走中国特色社会主义道路，在实践中推动中国特色社会主义制度更加成熟更加定型。

制度的生命力在于执行，执行的关键在于执行力。只有把共同的战略目标任务转化为思想和行动自觉，才能增强执行力、展现执行力。要切实强化制度意识，领导干部更应带头维护制度权威，做制度执行的表率，带动全党全社会自觉尊崇制度、严格执行制度、坚决维护制度。健全权威高效的制度执行机制，加强对制度执行的监督，坚决杜绝做选择、搞变通、打折扣等现象，不断增强制度的权威性和执行力，让制度管用见效。

政治路线确定之后，干部就是决定因素。贯彻落实四中全会精神，要把提高治理能力作为新时代干部队伍建设的重大任务。通过加强思想淬炼、政治历练、实践锻炼、专业训练，推动广大干部严格按照制度履行职责、行使权力、开展工作，提高贯彻落实党中央重大决策、战略部署的各项工作能力和水平。要把制度执行力和治理能力作为干部选拔任用、考核评价的重要依据，加快人才制度和政策创新，为推动中国特色社会主义制度不断自我完善和发展、推进国家治理体系和治理能力现代化提供有力人才支撑。

（新华社北京2019年11月5日电　新华社评论员）

中国选择了符合自身国情的发展道路
——外国专家学者热议中共十九届四中全会

中国共产党十九届四中全会对坚持和完善中国特色社会主义制度、推进国家治理体系和治理能力现代化作出重大战略部署。一些外国专家学者表示，实践证明中国选择了符合自身国情的发展道路，全会通过的纲领性文献对中国发展具有重大意义。

印度发展中国家研究和信息系统机构顾问苏伯莫伊·巴塔查吉表示，新中国成立以来始终坚持中国共产党的领导，70年发展成就充分显示出中国现有的制度优势。制度优势带来的政策延续性使得中国经济拥有巨大韧性。

尼日利亚参议院外事委员会主席阿达穆·布尔卡舒瓦说，过去70年来，中国取得巨大发展成就，这一切都是中国共产党带领十几亿中国人民坚持走中国特色社会主义道路的结果。好的制度理所当然应该得到坚持和发展，中国共产党领导层在此次会议上决定坚持和完善中国特色社会主义制度、推进国家治理体系和治理能力现代化，将为中国下一阶段发展提供动力和制度保障。

越中友好协会副主席、越南智库战略与国际发展研究中心高级顾问阮荣光表示，正如中共十九届四中全会提出，中国特色社会主义制度是中国共产党和人民在长期实践探索中形成的科学制度体系。经过多年探索，中国构建起具有本国特色的社会主义理论体系，这是对中国实际情况进行研究总结的成果，它也引导着中国的改革开放不断从一个胜利走向另一个胜利。

以色列中国问题专家、以色列以华传媒中心创始人兼主任亚历山大·佩夫兹内尔说，中华人民共和国成立70年来，成就显著。中国在世界舞台扮演着积极和正面的角色，对世界做出重要贡献。任何国家都必须建立与其国情相适应的制度，中国正在不断地完善其制度，这尤其值得肯定。

摩洛哥非洲中国合作与发展协会主席纳赛尔·布希巴表示，作为世界上人口最多的国家，且面临风险和挑战增多的复杂局面，中国选择了符合自身国情的发展道路，本次会议的召开，有利于中国进一步完善现有的社会制度，进一步提高现代化治理能力。

古巴国际政治研究中心研究员爱德华多·雷加拉多表示，在中国共产党日趋坚强、成熟的领导下，中国走出符合本国国情的中国特色社会主义道路，精准制定并出色完成了一系列发展目标，为推动国家治理能力建设打下良好基础。

墨西哥普埃布拉功勋自治大学中国问题专家拉克尔·莱昂·德拉罗萨指出，中国共产党在坚持和完善中国特色社会主义制度过程中发挥领导作用，保障中国在全球治理模式中发挥积极作用，推动中国成为世界舞台上具有重要影响力国家。

印度尼西亚智库亚洲创新研究中心主席班邦·苏尔约诺表示，中共十九届四中全会总结了中国特色社会主义制度具有的显著优势，也强调了制度改革创新的重要性，既要坚持又要完善的思路是中国国家治理体系与治理能力得到全面提升的体现。

莫斯科国立大学亚非学院副院长安德烈·卡尔涅耶夫说，中共十九届四中全会强调“党是领导一切的”“健全党统一领导”，这是多年来中共始终如一贯彻的。中国保持稳定、不断提升国家治理能力，对于中国的众多海外伙伴来说至关重要。

（新华社北京2019年11月2日电　参与记者：丁莹、赵旭、郭骏、王迪、陶军、尚昊、吕迎旭、陈斌杰、朱婉君、吴昊、梁辉、栾海）

谋划长远未来 贡献世界发展

——海外专家学者热议中共十九届四中全会

中国共产党十九届四中全会日前在北京结束。一些海外专家学者认为，此次会议意义重大，显示了中国共产党正带领全体中国人民，在坚持和完善中国特色社会主义制度、推进国家治理体系和治理能力现代化的过程中开拓前行，为中国自身的长远未来作谋划，也将为世界和平稳定发展作出新的贡献。

哈萨克斯坦共产人民党中央委员会书记科努罗夫认为，此次会议是中国共产党前进道路上的又一重要时刻，为未来制定了清晰可见的发展规划。中国共产党正不断完善自身的治理体系和治理能力，带领中国沿着正确、科学、高效的发展道路向前迈进。在中国共产党的坚强领导下，中国日益走近世界舞台中央，在区域和国际组织中发挥更加重要的作用。

在缅甸全国民主联盟（民盟）中央委员会委员、民盟党报《民主浪潮》总编辑吴埃久看来，中国的发展离不开中国共产党的坚强领导。他表示，此次会议不仅是中国国内的一件大事，同时也关系到包括缅甸在内的世界其他国家。中国的发展势不可挡，包括缅甸在内的邻国和“一带一路”倡议的参与国，搭上中国发展的快车，将实现互利共赢。

韩国庆熙大学教授朱宰佑认为，中共十九届四中全会公报就推进国家治理体系和治理能力现代化进一步明确了方向，作出了详细的规划，这对中国未来发展非常关键。他指出，中国的发展对世界和地区的和平发展与繁荣有着极大的贡献。

在英国社会学家、“全球化”概念首倡者之一马丁·阿尔布劳看来，中国在推进国家治理体系和治理能力现代化方面的最新部署和举措应该受到其他国家和地区的关注，因为这其中就包含着中国日益强大起来的“秘密”。

美国伊利诺伊理工大学教授哈伊里·图尔克注意到公报强调依法治国，他认为，依法治国将增加透明度，创造一个公平的社会，从而提高经济效益、维护社会稳定。他还表示，中国始终坚持和平共处原则，愿同其他国家一起分享自身的发展成果，这正是中国在全球受到欢迎的原因。他认为，“一带一路”倡议正是体现中国和平和共同发展理念的一个实例，这一倡议正使世界上很多人口受益。

叙利亚《光明报》总编辑巴沙尔·穆尼尔表示，中国共产党的执政能力和治国水平不仅经过了历史的检验，而且在实践中国特色社会主义过程中进一步得到增强。中国共产党坚持独立自主和平外交政策，不干涉他国内政，同时帮助发展中国家实现经济发展。广大发展中国家通过参与中国提出的共建“一带一路”倡议，增强了自身发展能力，国际贸易环境得到改善，国际经济格局也更加开放。

土耳其中国友好协会会长、土耳其发展基金会主席凯末尔·巴伊塔什表示，中国提出的共建“一带一路”倡议和构建人类命运共同体理念，使中国和其他国家更好地携手共同发展经济、文化，加强各领域交往。和平、发展、合作、共赢的交往方式使对象国感到备受尊重。中国长期、稳定的发展模式必将得到更广泛的认可与效仿。

乌克兰基辅国立语言大学高级研究员丹尼斯·梅兹柳克认为，新中国成立 70 年来的巨大成就证明了中国坚持走中国特色社会主义制度是正确选择。中国共产党作为中国的领导核心，在关键阶段不断进行自我改进和完善，是中国改革和发展得以延续的重要保证。中国的发展道路和模式让发展中国家对选择自己的发展道路有了更深刻的认识。

老挝人民革命党中央办公厅副主任京培表示，中国特色社会主义制度是中国共产党和中国人民在长期实践探索中形成的科学制度体系，中国国家治理体系和治理能力是中国特色社会主义制度及其执行能力的集中体现。他表示，相信中国共产党一定能够带领中国人民实现“两个一百年”的奋斗目标。

（新华社北京 2019 年 11 月 3 日电 参与记者：陈怡、张继业、车宏亮、耿学鹏、桂涛、张代蕾、徐静、郑一晗、郑思远、李东旭、章建华）

下 篇

“中国之制”的成功实践

以习近平同志为核心的党中央引领全党全国各族人民，在推动中国特色社会主义制度更加完善、国家治理体系和治理能力迈向现代化的进程中改革创新、开拓前行，持续推进“中国之制”的生动实践，不断迈向“中国之治”更高境界，必将实现党和国家事业蓬勃发展、长治久安，为人类制度文明作出新的中国贡献。

★

中国道路越走越宽广
——社会主义中国实践启示录

如同一轮旭日，一经喷薄而出，历史的天空从此绽放出全新光华。

500年艰难跋涉，170多年风雨征程，从空想到科学，从理论到实践，从探索到深化，社会主义一路走来，波澜壮阔。

百年苦难辉煌，70载不懈奋进，承载初心和使命，社会主义在中国扎根生长，让五千年文明古国焕发新生，让历经磨难的中华民族重新屹立，让中国特色社会主义伟大旗帜在21世纪高高飘扬，为世界社会主义发展、人类文明发展昭示出前行方向。

以真理为炬——循着理论逻辑和历史逻辑的统一，在坚持、发展和创新中，马克思主义真理之光更加璀璨夺目

2019年3月20日，意大利罗马，风自东方来。

中国国家主席习近平对意大利进行国事访问前夕，于这一天举行的《习近平谈治国理政》中意读者会上，200名中外嘉宾纷至沓来，共同探究中国发展的密码。

译成20多个语种，发行量突破2000万册……面向全球出版发行以来，《习近平谈治国理政》为世界读懂中国、读懂中国特色社会主义打开“思想之窗”。

“今日中国，正是马克思主义强大生命力和广泛影响力的现实写照。”

埃及经济思想家塞米尔·阿明说。

感悟真理的力量，就要回到源起的地方。

比利时，布鲁塞尔。

市中心大广场的如织人流中，一幢欧式小楼静静矗立。门楣上展翅欲飞的白天鹅雕塑，曾见证170多年前，马克思、恩格斯来到这里。他们或彻夜长谈，或掩卷深思，或奋笔疾书，在《共产党宣言》手稿中倾注对无产阶级处境的深切关注和对人类自由解放的深邃思考。

是真理，就必然会穿透一切历史迷雾。

70年前的11月27日深夜，重庆，黑暗如漆。

新中国已经成立一个多月，渣滓洞、白公馆的革命志士们等待着黎明的曙光。然而，国民党反动派开始了疯狂大屠杀，鲜血流成了河，火光照亮了天……

70年来，从当年大屠杀中脱险的郭德贤，义务到全国各地讲述革命经历。每年清明和“11·27”纪念日，她都要去祭奠战友，从步履蹒跚、拄拐前行再到轮椅相伴，从未间断。

“我现在都想得起他们每一个人，敌人开枪的时候，他们高喊口号而牺牲。”粼粼泪光中，95岁的老人记忆犹新。

手握真理，方能信仰如山。

这是面对风雨如磐的坚定不移：“星星之火，可以燎原。”

这是社会主义陷入低潮时的沉着坚毅：“不要惊慌失措，不要认为马克思主义就消失了，没用了，失败了。哪有这回事！”

这是新时代高举旗帜、继续前进的深刻自觉：“马克思主义的命运早已同中国共产党的命运、中国人民的命运、中华民族的命运紧紧连在一起”。

手握真理，方能洞见前路。

“中国共产党从诞生之日起，就把马克思主义写在自己的旗帜上。”中央党校（国家行政学院）教授陈曙光说，因为马克思主义揭示了人类社会发展一般规律，为人类指明从必然王国走向自由王国的途径。

理论的生命力在于创新。

真正的马克思主义者，总能在坚持真理中不断发展真理——

“这是具有历史意义的一刻！”

2017年10月24日，人民大会堂万人大礼堂，党的十九大代表林松淑神情庄重，右手高举。

经过出席十九大闭幕会的2300多名代表和特邀代表庄严举手表决，大会一致通过关于《中国共产党章程（修正案）》的决议。习近平新时代中国特色社会主义思想正式写入中国共产党章程，写在党的旗帜上。

“中国共产党之所以能取得成功，就是因为思想理论能够代代继承、延续，并在此基础上不断创新发展。”德国杜伊斯堡—埃森大学中国研究学者费立民说。

守正创新，是中华民族的精神特质，也是社会主义的宝贵品格。

从毛泽东思想，到邓小平理论、“三个代表”重要思想、科学发展观、习近平新时代中国特色社会主义思想，中国共产党成立后，中国历史的每一次飞跃，都伴随着理论的飞跃。

时代是思想之母，实践是理论之源。

不忘本来，开辟未来。手握真理的中国共产党人，更加清醒而坚定——“马克思主义并没有结束真理，而是开辟了通向真理的道路”。

以人民为本——为人民求解放谋幸福，是马克思主义的鲜明价值取向，也是中国共产党人和社会主义中国的不渝追求

北京香山，秋雨初霁。

香山革命纪念馆内，“解放全中国”展台前，来自河南的80岁老人张书显驻足凝视，走进记忆深处——

听父母讲述，他出生的那天，炸弹落到附近房顶没爆炸，才保住性命。在旧社会，他身为佃户的孩子受尽压迫；在新中国，他作为人民教师教书育人、安享幸福生活。

“蓝天当纸、大海为墨，也写不完一路走到现在的心情。”张书显慨叹。

70年改天换地，中国最深刻的改变，是人的命运。

“无产阶级的运动是绝大多数人的、为绝大多数人谋利益的独立的运动。”《共产党宣言》中的庄严宣示，在社会主义中国70年的奋进征程中，不断化为人民可触可感的生动实践。

“没有共产党，没有新中国，我们哪有当家作主的出头天！”第一至第八届全国人大代表田富达还记得，1954年，25岁的他走进中南海怀仁堂，参加一届全国人大一次会议，投票通过第一部宪法、选举产生国家领导人。

“那次考试，改变了许多人的人生。”复旦大学中国研究院院长张维为还记得，1977年恢复高考，坐在他身边一同参加考试的，有矿工，有农民，有不到20岁的青年，也有30多岁的中年人。

过往的70年，是发展完善人民民主、保障人民当家作主的70年，是不断增进人民福祉、促进人的全面发展的70年：

从新中国诞生之际“人民万岁”响彻云霄，到“一切权力属于人民”写入宪法，再到“我们追求的发展是造福人民的发展”温暖人心；从扶贫攻坚路上“一个都不能掉队”，到撤侨危急关头“在你身后是强大的祖国”……

人均预期寿命从35岁提高到77岁，农村贫困发生率由1978年的97.5%下降至2018年的1.7%，居民人均可支配收入比1949年实际增长近60倍……人民幸福的注解，不仅有一组组数字，更有一张张笑脸。

人民至上，以国之名。

一个政党、一个国家，只有真正把人民放在至高无上的位置，才能拨动开启人民伟力的密码——

靠着老百姓的独轮车，“推出”淮海战役的胜利；广泛动员发动群众，迎来社会主义建设的火热局面；尊重人民首创精神，激荡起改革开放的澎湃春潮……

只有人民求得自身解放，拥有追求幸福的多元维度，无数逐梦脚步才能汇成浩荡洪流，在推动历史前进中写就不朽传奇——

是数万群众苦干10年，在悬崖峭壁间修成“人工天河”红旗渠；是几代林场人半个世纪的接力，将塞罕坝从黄沙荒原变为茫茫林海；是成千上万勇敢追梦的人们，将南海边的那个“圈”变成日新月异的深圳……

“人民是历史的创造者，群众是真正的英雄。人民群众是我们力量的源泉。”习近平总书记的深刻论断发人深省。

一切为了人民，一切依靠人民。

在心忧人民疾苦中确立，在谋求人民幸福中升华。人民立场，是马克思主义与生俱来的鲜明价值取向；人民情怀，是中国共产党从未改变的精神底色。

“儿已决意以身许国！”红军将领王尔琢的“托孤书”中，刻写为人民牺牲一切的殷殷初心。

“我是您的儿子。”县委书记焦裕禄与失明老大娘的深情对话，诠释共产党人拳拳爱民之心。

“我是一名共产党员，这就是我的使命……”乐业县百坭村第一书记黄文秀的无悔芳华，践行新时代“为人民服务”铮铮誓言。

江山就是人民，人民就是江山。

回望历史、环顾世界，没有哪一个政党，像中国共产党这样始终坚持“以人民为中心”，始终坚持发展为了人民、发展依靠人民、发展成果由人民共享。

从“人民日益增长的物质文化需要”到“人民日益增长的美好生活需要”，“人民需要”，是中国共产党人衡量中国社会发展的标尺、定义时代进步的标识。

“使人民获得感、幸福感、安全感更加充实、更有保障、更可持续”，“人民”，是70年来历史性成就的逻辑起点，也是历史性变革的价值起点。

中国梦，归根到底是人民的梦。

70年伟大实践昭示颠扑不破的真理——只要始终与人民同呼吸、共命运，始终同人民想在一起、干在一起，就没有干不成的事，就没有实现不了的梦想。

以实践为基——根植于实践沃土，与中国革命建设改革具体实际相结合，中国特色社会主义焕发蓬勃生机

国庆前夕，北京展览馆，“伟大历程 辉煌成就——庆祝中华人民共和国成立70周年大型成就展”观者如云。

“屹立东方”“改革开放”“走向复兴”等一个个板块，中国第一辆国产汽车、中国第一颗人造地球卫星等150个“新中国第一”……展厅长廊仿佛时光隧道，让人们与过去70年的中国相遇。

“从这里，能看到中国从哪里来、向哪里去。”巴基斯坦驻华大使哈什米不禁感慨。

马克思主义思想的清流，不是一潭静止的死水。只有沿着无限延伸的实践河道流淌，才能生生不息，奔腾向前。

“70年来，中国始终坚持走自己的路，经过长期探索和实践，开创和发展了中国特色社会主义。”中央党校（国家行政学院）教授辛鸣说。

中国道路，正是中国70年来发展历程的最集中概括，正是中国70年来向着现代化目标探索实践的最凝练表达。

——这是扎根现实国情的中国道路。

雄伟的天安门，曾见证无数历史时刻，1956年1月15日，是其中的一个。

“我们的首都已经进入了社会主义社会！”

这一天，首都各界20多万人在天安门广场举行庆祝社会主义改造胜利联欢会。北京市宣布基本完成对农业、手工业和资本主义工商业的社会主义改造，从过渡时期迈入历史新阶段。

中国道路的每一步开拓，都是基于国情的探索。

“随时随地都要以当时的历史条件为转移。”把马克思主义基本原理同具体实际相结合，不断解放思想、实事求是、与时俱进、求真务实，才是马克思主义活的灵魂。

正是立足国情，中国特色社会主义一经创立，便不可逆转地开启了中华民族走向伟大复兴的历史进军，成为改革开放以来党的全部理论和实践的主题。

——这是聚焦时代课题的中国道路。

新中国成立之初：“我们除了能造桌子椅子，能造茶壶茶碗，连一辆汽车、一辆拖拉机都不能造”。

在一个经济文化落后的东方国家，如何建设社会主义？这一世界社会主义历史上的新命题，在马克思主义经典著作中，找不到现成的答案。

问题是时代的声音，也是前进的动力。

“什么是社会主义、怎样建设社会主义”“建设什么样的党、怎样建设党”“新形势下实现什么样的发展、怎样发展”“新时代坚持和发展什么样的中国特色社会主义、怎样坚持和发展中国特色社会主义”……时代是出卷人，人民是阅卷人。

70年上下求索，在深刻作答一个个时代课题中，中国共产党引领中国人民开创的中国特色社会主义道路越走越宽广、越走越畅通，迸发出强大生命力。

——这是坚持创新发展的中国道路。

蓝色的超级跑车，金色的全新纯电动SUV，中国红旗品牌惊艳亮相2019年法兰克福国际车展。

诞生于20世纪50年代“激情燃烧的岁月”，历经辉煌，有过沉寂，中国一汽这家老牌企业以不懈创新重迎勃勃生机。

何止于红旗。今日之中国，在创新、协调、绿色、开放、共享的新发展理念指引下，正从高速增长阶段转向高质量发展阶段。

70年来，从高度集中的计划经济，到“计划经济为主，市场调节为辅”，再到“使市场在资源配置中起决定性作用”……在创新中突破，镌刻下中国特色社会主义市场经济的生长轨迹。

70年来，从“两手抓、两手都要硬”，到“三位一体”“四位一体”“五位一体”……在创新中完善，中国特色社会主义不断迈入新境界。

马克思说，哲学家们只是用不同的方式解释世界，问题在于改变世界。

当中国特色社会主义进入新时代，当中国历经70年实践站上新起点，中国答案更加成熟自信——

“只有把科学社会主义基本原则同本国具体实际、历史文化传统、时代要求紧密结合起来，在实践中不断探索总结，才能把蓝图变为美好现实。”

与时代偕行——在历史前进的逻辑中前进，在时代发展的潮流中发展，我们必将不断开辟中国特色社会主义新境界

每一朵浪花，都在见证大海的澎湃。

9月的中国，写就又一项关系中华民族伟大复兴和永续发展的千秋大计——

黄河流域生态保护和高质量发展，与京津冀协同发展、长江经济带发展、粤港澳大湾区建设、长三角一体化发展，同列为重大国家战略。

从一江一河沿线，到三大城市群，中国正向世界展现更广阔的发展空间，续写更大的发展奇迹。

走过70年，中国不再是当年那个中国——

“东亚病夫”的屈辱，已变成“我是中国人”的自豪；引进国外资金、技术、管理，被越来越多自主创新成果“走出去”所取代；“一带一路”“人类命运共同体”，展现兼济天下的博大情怀……

走过70年，中国依然还是中国——

中国共产党领导中国人民走中国特色社会主义道路的决心没有变，向着美好生活拼搏奋斗的精神没有变，实现中华民族伟大复兴的梦想没有变……

与时代偕行，一个百年大党引领一个世界大国，不断书写治国理政的恢弘答卷——

以政治建设永葆初心本色，以思想建设补足精神之钙，以组织建设构建坚强堡垒……党的建设新的伟大工程纵深推进，让全党“四个意识”更加牢固，“四个自信”更加坚定，“两个维护”更加自觉，党心民心空前凝聚。

以全新视野深化对共产党执政规律、社会主义建设规律、人类社会发展规律的认识；以宏阔格局推进国家治理体系和治理能力现代化……领航中国巨轮的中国共产党，以不断精进的执政能力和领导水平，将中国新一轮改革开放的历史大幕精彩拉开。

与时代偕行，一个和平崛起的发展中大国，不断彰显对人类和平发展的使命担当——

9 月 5 日，东非高原，埃塞俄比亚国家宫内灯火璀璨。

228 名来自埃塞俄比亚政府机关、高校等单位的学员领到了中国驻埃大使馆颁发的集体入学通知书，将远赴中国攻读硕士和博士学位。

埃塞俄比亚总理阿比·艾哈迈德亲临现场为学员们鼓劲，勉励他们积极学习中国的发展经验和做法，在埃塞俄比亚发展中加以借鉴。

长江口外，东海之滨。从空中俯瞰，上海洋山港犹如一艘大船乘风破浪。

晨曦之中，世界最大自动化码头上，满载货物的超级巨轮从世界各地向此汇集，从此出发，恰如中国潮与世界潮，交融激荡，奔涌澎湃……

1835 年，科学社会主义的奠基人对未来充满信心：我们的事业并不显赫一时，但将永远存在。

今天，新时代中国特色社会主义事业的领航人豪情满怀：“现在，我们这一代共产党人的任务，就是继续把这篇大文章写下去。”

（新华社北京2019年9月27日电　新华社记者邹伟、韩洁、罗争光、罗沙、王君璐）

确保党始终成为伟大事业的坚强领导核心

——党的十八大以来坚持和加强党的全面领导综述

壮阔的征程，需要领航的力量。

党的十八大以来，以习近平同志为核心的党中央旗帜鲜明坚持和加强党的全面领导，把党的领导贯穿到治国理政全部活动中，中国特色社会主义事业展现出前所未有的光明前景。

一个坚强有力的政党，引领一个社会主义大国昂首屹立在世界东方。

这是一条中国特色社会主义本质特征决定的必由之路——坚持和加强党的全面领导，是党和国家的根本所在、命脉所在，也是全国各族人民的利益所在、幸福所在

2017 年金秋，中国共产党第十九次全国代表大会。

习近平总书记铿锵有力的话语，在人民大会堂久久回荡：“新时代党的建设总要求是：坚持和加强党的全面领导……”

从“坚持党的领导”到“坚持和加强党的全面领导”，几个字词的变化，意味深长、意义重大。

党的十八大以来，以习近平同志为核心的党中央深刻总结中国共产党执政经验，对党的领导的性质、定位、作用作出一系列重大判断：

——“中国特色社会主义最本质的特征是中国共产党领导，中国特色社会主义制度的最大优势是中国共产党领导，党是最高政治领导力量”；

——“党政军民学，东西南北中，党是领导一切的”；

——“必须坚持党的领导，坚持和完善民主集中制，坚持党领导各项工作的体制机制，确保党对一切工作的领导，确保党总揽全局、协调各方”；

……

习近平总书记一系列重要讲话，深刻阐述了党的全面领导的重大意义、丰富内涵和实践要求，确保党始终把牢中国前进方向、始终成为中国特色社会主义事业的坚强领导核心。

坚持和加强党的全面领导，由中国特色社会主义本质特征所决定——

2018 年 3 月 11 日下午，北京人民大会堂。

十三届全国人大一次会议第三次全体会议表决通过《中华人民共和国宪法修正案》，“中国共产党领导是中国特色社会主义最本质的特征”写入宪法。

没有中国共产党领导，就没有中国特色社会主义道路、理论、制度、文化。离开中国共产党领导，就会偏离社会主义和共产主义的方向。

坚持和加强党的全面领导，是党和国家的根本所在、命脉所在，也是全国各族人民的利益所在、幸福所在。社会主义本质特征，决定了我们必须坚持和加强党的全面领导。

坚持和加强党的全面领导，树立一个权威的领导核心是应有之义——

这是历史性的时刻：2016 年 10 月，党的十八届六中全会明确了习近平总书记党中央的核心、全党的核心地位。

一个政党、一个国家，领导核心至关重要。

建设好 8900 多万名党员的大党、治理好 13 亿多人的大国，保证党的团结和集中统一、维护党的领导核心至关重要。

党中央有核心、有权威，才能把全党凝聚起来，进而把全国人民紧密团结起来，形成万众一心、无坚不摧的磅礴力量，向着伟大事业、伟大梦想不断前进。

坚持和加强党的全面领导，是党始终总揽全局、协调各方的根本保障——

2015年1月16日，一次重要会议引起广泛关注。

当天，中央政治局常委会全天召开会议，专门听取全国人大常委会、国务院、全国政协、最高人民法院、最高人民检察院党组汇报工作，进一步体现了党中央集中统一领导，对全党具有重要示范意义。

党的十八大以来，以习近平同志为核心的党中央坚持和加强党的全面领导，把党的领导具体贯彻到治国理政全过程和各方面。

从中央扶贫开发工作会议到中央统战工作会议，从文艺工作座谈会到中央城市工作会议，从全国生态环境保护大会到中央外事工作会议……习近平总书记出席一系列重要会议并发表重要讲话，对经济建设、政治建设、文化建设、社会建设、生态文明建设等各方面工作提出要求，充分发挥党总揽全局、协调各方的领导核心作用，从根本上保障了中国特色社会主义各项事业不断向前发展。

这是一条马克思主义执政党勇于自我革命的涅槃之路——坚持党要管党、全面从严治党，让党在革命性锻造中焕发出强大生机活力，更有底气、更有自信坚持和加强党的全面领导

坚持和加强党的全面领导，既是推进中国特色社会主义事业的根本保障，也是对中国共产党自身的重大考验。

党的执政地位、领导地位不是与生俱来的，也不是一劳永逸。打铁必须自身硬。

党的十八大以来，以习近平同志为核心的党中央坚决改变管党治党宽松软状况，以对党和人民高度负责的担当精神、政治远见和顽强意志坚定不移全面从严治党，深入推进党的建设新的伟大工程，奋力把我们党锻造成为人民衷心拥护、经得起各种风浪考验的强大马克思主义执政党。

以政治建设为统领，维护党中央权威和集中统一领导——

旗帜鲜明讲政治是我们党作为马克思主义政党的根本要求。党的政治建设是党的根本性建设，决定党的建设方向和效果。

党的十八大以来，以习近平同志为核心的党中央把保证全党服从中央、坚持党中央权威和集中统一领导作为政治建设的首要任务，采取了一系列重大举措：颁布《关于新形势下党内政治生活的若干准则》、健全和落实请示报告制度、各地区各部门党委（党组）加强向党中央报告工作、中央政治局同志向党中央和习近平总书记书面述职……

立规明矩，风清气正。各地区各部门牢固树立起政治意识、大局意识、核心意识、看齐意识，坚定自觉维护以习近平同志为核心的党中央权威和集中统一领导，在思想上政治上行动上同以习近平同志为核心的党中央保持高度一致。全党全国人民更加拥护中国共产党领导，党的领导地位更加巩固。

时刻牢记党的宗旨，挺起共产党人的精神脊梁——

2017 年 10 月 31 日，党的十九大胜利闭幕一周之际，中共一大会址纪念馆迎来一批特殊客人——

习近平总书记带领十九届中共中央政治局常委面对鲜红的中国共产党党旗重温入党誓词：“我志愿加入中国共产党，拥护党的纲领，遵守党的章程，履行党员义务，执行党的决定，严守党的纪律，保守党的秘密，对党忠诚，积极工作，为共产主义奋斗终身，随时准备为党和人民牺牲一切，永不叛党。”雄浑的声音在大厅回荡。

这是新一届党中央领导集体坚定政治信念的庄严宣示，也是对全体共产党员理想信念的洗礼。

人无精神不立，国无精神不强，党无精神不兴。97 年来，我们党之所以历经挫折而不断奋起，靠的就是一种信仰和理想。历史和现实反复证明：共产主义远大理想和中国特色社会主义共同理想是共产党人的政治灵魂，是共产党人经受住任何考验的精神支柱。

党的十八大以来，以习近平同志为核心的党中央高度重视党的思想建设，教育引导全党牢记党的宗旨、永葆共产党人政治本色，相继开展党的群众路线教育实践活动和“三严三实”专题教育、推进“两学一做”学习教育常态化制度化，“补钙壮骨”、夯基固本，全党理想信念更加坚定、党性更加坚强。

正风肃纪刮骨疗毒，锻造党的坚强领导肌体——

2018 年 2 月 24 日，春节假期结束第三天，十九届中央第一轮巡视 15 个巡视组就完成了对 30 个地方、单位党组织的进驻工作，全面展开党的十九大后首轮中央巡视。

巡视是全面从严治党重大举措、党内监督战略性制度安排，是一条实现党自我净化的有效路径。党的十九大之后迅速展开首轮中央巡视，彰显了全面从严治党永远在路上的决心和意志。

党的十八大以来，以习近平同志为核心的党中央把全面从严治党纳入“四个全面”战略布局，以坚定决心、顽强意志、空前力度管党治党。

翻开十八届中央纪委工作报告，一组组沉甸甸的数字展现了从严治党的力度：

——5 年来各级纪检监察机关共查处违反中央八项规定精神问题 18.9 万起，处理党员干部 25.6 万人；

——2014 年以来，全国共有 7020 个单位党委（党组）、党总支、党支部，430 个纪委（纪检组）和 6.5 万余名党员领导干部被问责；

——5 年来，经党中央批准立案审查的省军级以上党员干部及其他中管干部 440 人；

……

党的十九大以来，全面从严治党不松劲、不停步、再出发。中央纪委国家监委网站数据显示，截至目前，党的十九大后中央纪委国家监委立案审查的中管干部已达 13 名。2018 年以来，截至 5 月 31 日，全国查处违反中央八项规定精神问题 18985 起，处理 27099 人，给予党纪政纪处分 19227 人。

正风肃纪，反腐惩恶。以雷霆万钧之势全面从严治党，赢得党风政风显著好转，得到人民群众衷心拥护。

沧海横流显砥柱，万山磅礴看主峰。党的十八大以来，一系列党建新部署新举措新要求，让党在自我革命中淬炼得更加坚强有力：

更加强调制度治党，党中央先后修订颁布90余部党内法规，为依规管党治党提供有力支撑；

更加注重基层建设，扎实做好发展党员和从严教育管理工作，统筹推进基层党组织建设，补齐基层党建工作短板；

更加注重建设高素质专业化干部队伍，坚持德才兼备、以德为先，五湖四海、任人唯贤，事业为上、公道正派，把好干部标准落到实处……

千锤百炼，淬火成钢。我们党每一次自我革命，都不是简单的自我修复，而是从里到外的深刻改造、深度重塑。全面从严治党让我们党在革命性锻造中焕发了新的强大生机活力，让坚持和加强党的全面领导更有底气、更有自信。

这是一条通往民族复兴伟大梦想的光明之路——坚持和加强党的全面领导，确保党始终成为坚强领导核心，领航“中国号”巨轮胜利驶向光辉彼岸

97年栉风沐雨，中国共产党一路走来，始终不忘初心、牢记使命，成就了一个大国大党的风范担当。

97年砥砺奋进，中国共产党始终同人民想在一起、干在一起，引领承载着中国人民伟大梦想的航船破浪前进。

办好中国的事情，关键在党。进入新时代、踏上新征程，只有坚持和加强党的全面领导，不断增强党的创造力、凝聚力、战斗力，才能更好凝聚起同心共筑中国梦的磅礴力量，开创中华民族更加美好的未来。

坚持和加强党的全面领导，不断提高党把方向、谋大局、定政策、促改革能力和定力——

2018年1月5日，中央党校报告厅座无虚席。

面对在场的新进中央委员会的委员、候补委员和省部级主要领导干部，习近平总书记的讲话发人深省：“当前，我国正处于一个大有可为的历史机遇期，发展形势总的是好的，但前进道路不可能一帆风顺，越是取得成绩的时候，越是要有如履薄冰的谨慎，越是要有居安思危的忧患，绝不能犯战略性、颠覆性错误。”

波谲云诡的国际形势、复杂敏感的周边环境、艰巨繁重的改革发展稳定任务，决定了我们党不仅要政治过硬，也要本领高强。

党的十八大以来，以习近平同志为核心的党中央高度重视我们党执政本领建设，坚持把抓全党特别是领导干部的学习作为推动党和人民事业发展的一条成功经验，不断提升党的全面领导的能力和水平。

——中央政治局以上率下、率先垂范，党的十八大至今中央政治局已进行 49 次集体学习，内容涉及治党治国治军、改革发展稳定、内政外交国防方方面面。

——各级党校、行政学院、干部学院组成了一整套制度化、系统化的党员干部教育培训体系；

——广大党员干部以各种方式认真学习习近平新时代中国特色社会主义思想和党的十九大精神，学思践悟，知行合一……

拜人民为师，向实践学习，中国共产党以锐意进取、担当作为的新气象新面貌，带领全国各族人民昂首迈向中国特色社会主义事业新征程。

坚持和加强党的全面领导，凝聚起最磅礴的力量攻坚克难——

2018 年 6 月 24 日，中共中央、国务院发布的一份关于全面加强生态环境保护、坚决打好污染防治攻坚战的意见引起广泛关注。

这份被称作“建设美丽中国总部署”的文件，强调重点打好蓝天、碧水、净土三大保卫战，宣示了向污染宣战的坚定决心和顽强意志。人们注意到，意见专门以一个章节强调“全面加强党对生态环境保护的领导”，再次彰显了党的领导对于应对重大挑战、攻克重大难题的重要意义。

坚持和加强党的全面领导，正是战胜一切困难和风险的“定海神针”。

行百里者半九十。在决胜全面建成小康社会、夺取新时代中国特色社会主义伟大胜利的征程中，类似于污染防治攻坚战这样长期性与复杂性兼具的困难与挑战还有不少。

看国内，全面深化改革进入深水区，最后3000多万“贫中之贫”的贫困堡垒尚待攻克，反腐败斗争形势依然严峻……

观国际，世界经济政治形势更加错综复杂，贸易保护主义抬头，大国关系深入调整……

尽管我们离中华民族伟大复兴的梦想从未如此之近，我们所面临的困难和挑战也从未如此之大。

只有坚持和加强党的全面领导，我们才有应对一切困难挑战的主心骨，才能团结凝聚起最磅礴的力量，完成艰巨光荣的历史使命，战胜前进道路上的风险挑战。

以党的全面领导领航“中国号”巨轮驶向更加辽阔的海域——

盛夏的海南，海碧风清，游人如织，广大海南干部群众却沉浸在干事创业的火热氛围中。

在海南建省办经济特区30周年之际，党中央发布关于支持海南全面深化改革开放的指导意见，赋予海南经济特区新的重大责任和使命，开启中国改革开放新征程。

奋进新时代，壮阔东方潮。从更高起点推进对外开放到更大范围推进改革试点，从谋划打好“三大攻坚战”到进一步推进供给侧结构性改革，以习近平同志为核心的党中央突出党的领导核心作用，总揽全局、协调各方、运筹帷幄，一系列治国理政新实践波澜壮阔、气势恢宏，进一步开创了中国特色社会主义各项事业崭新局面。

党的十八大以来坚持和加强党的全面领导的生动实践，使我们党的领导地位更加巩固，使党和国家各项事业取得历史性成就、发生历史性变革，使中华民族伟大复兴展现出前所未有的光明前景。在习近平新时代中国特色社会主义思想指引下，继续毫不动摇坚持和加强党的全面领导，“中国号”巨轮必将劈波斩浪、直济沧海，胜利驶向光辉彼岸！

（新华社北京2018年7月5日电 新华社记者林晖）

在民主法治的道路上砥砺奋进
——写在全国人民代表大会成立65周年之际

65年前的这一刻，历史永远铭记——

1954年9月15日，北京中南海怀仁堂，共和国的缔造者们，同经过普选产生的1200多名全国人大代表一道，召开了第一届全国人民代表大会第一次会议。

大会通过了《中华人民共和国宪法》，一个人民当家作主的新型政治制度由此在古老而崭新的中国落地生根、开花结果……

65年波澜壮阔，65年砥砺奋进。人民代表大会制度不断发展、日益巩固、逐步完善，越发成熟自信，展现蓬勃生机，开辟了人类政治文明的新路径。

坚持制度自信　人民当家作主

早春三月，寒去春来。"95后"全国人大代表邹彬，满怀期望来到北京。16岁出来打工，体会到艰辛与不易，他要把提升农民工培训、为农民工创造良好环境的建议带到全国人民代表大会上。

邹彬说："我深深感受到'人民当家作主'的力量。我要代表农民工更好履职。"

"人民当家作主"字字千钧，背后饱含着近代以来多少仁人志士的流血牺牲、奋力求索……

1949年9月21日，中国人民政治协商会议第一届全体会议开幕。这次会议执行了全国人民代表大会的职权。会议通过了具有临时宪法地位的《中国人民政治协商会议共同纲领》，确立人民代表大会制度是我国根本政治制度。

“中华人民共和国的一切权力属于人民。人民行使权力的机关是全国人民代表大会和地方各级人民代表大会。”1954年，一届全国人民代表大会一次会议通过《中华人民共和国宪法》，奠定了人民代表大会制度建设的根本法律依据。

选择什么样的政治发展道路关乎国家前途，关乎人民命运。

从“豆选”“三三制”到人民代表大会制度，中国共产党团结带领人民成功开辟和坚持了中国特色社会主义政治发展道路，为实现最广泛的人民民主确立了正确方向。

人民民主是中国共产党始终高举的光辉旗帜。在中国实行人民代表大会制度，是中国人民在人类政治制度史上的伟大创造。

65年来，特别是改革开放40年来，人民代表大会制度作为保证人民当家作主的根本政治制度，不断得到巩固和发展，展现出蓬勃的生机与活力。在这一坚持党的领导、人民当家作主、依法治国有机统一的根本政治制度安排下，广大人民依照宪法和法律规定，通过各级人民代表大会行使国家权力，通过各种途径和形式管理国家事务，管理经济和文化事业，管理社会事务。

“尊重和保障人权”写入宪法，修改选举法实现城乡居民“同票同权”，调整和每个家庭息息相关的生育政策，修法赋予设区的市立法权为地方改革发展注入新活力……不断完善发展的人民代表大会制度，激发出根本政治制度的巨大活力。

中国特色社会主义进入新时代。以习近平同志为核心的党中央高度重视、全面加强党对人大的领导，形成了习近平总书记关于坚持和完善人民代表大会制度的重要思想。我们党对人民代表大会制度的规律性认识达到了新高度。

加强县乡人大建设提高人大工作整体水平，加强国有资产监督向人民交出“放心账”，对“两高”工作开展专题询问推动司法公正……不断与时俱进的人民代表大会制度，夯实了人民当家作主的制度根基。

2014年9月，北京人民大会堂。庆祝全国人民代表大会成立60周年大会隆重举行——

“中国这样一个有5000多年文明史、几亿人口的国家建立起人民当家作主的新型政治制度，在中国政治发展史乃至世界政治发展史上都是具有划时代意义的。”习近平总书记的话掷地有声。

65载风雨兼程，65年春华秋实。

实践充分证明，人民代表大会制度具有鲜明中国特色、巨大制度优势和内在自我完善能力，是符合中国国情和实际、体现社会主义国家性质、保证人民当家作主、保障实现中华民族伟大复兴的好制度。

“我们坚定中国特色社会主义制度自信，首先要坚定对中国特色社会主义政治制度的自信，坚定对人民代表大会制度的自信。要坚持走中国特色社会主义政治发展道路，充分发挥人民代表大会制度的根本政治制度作用，把人民当家作主具体地、现实地体现到国家政治生活和社会生活之中。”全国人大常委会有关负责人说。

依法履职尽责　坚定使命担当

“当我得知丈夫去世的消息，想到家中还有年幼的孩子无人照顾，顿时对生活和未来失去了信心，而习主席颁布的特赦令又给了我重生的希望……”被特赦的刘某宏激动心情久久不能平静。

2019年6月29日，全国人大常委会作出决定，国家主席习近平签署发布特赦令，对部分服刑罪犯予以特赦。9月2日，湖南省长沙市中级人民法院经审理，对刘某宏依法予以特赦。

从1959年至今，全国人大常委会先后作出9次特赦决定。全国人大及其常委会在共和国重大事项决定中，一如既往履行着法定职责——

这是人大历史上第一次审议和批准重大建设项目：1955年7月30日，

一届全国人大二次会议表决通过关于根治黄河水害和开发黄河水利的综合规划的决议，要求保证三门峡和刘家峡两个水库和水电站工程及时施工。

此后，取消及恢复军衔制、兴建三峡工程、国务院机构改革、加入世界贸易组织、设立多个自贸区……一系列事关国计民生的重大事项，经过全国人大及其常委会的审议和表决，而后付诸实施。

人民代表大会制度顺应历史潮流，在中国的社会土壤中不断生长，在国家深刻的发展变革中彰显强大的制度力量——

作为最高国家权力机关，全国人大及其常委会行使国家立法权。1978 年，改革开放，拨乱反正，迅速恢复、重建民主法制，成为全国人大及其常委会的历史使命和时代担当。

适应改革开放后的中国社会现实和新时代发展要求，国家立法工作按下“快进键”。

——选举法、地方组织法、法院组织法、检察院组织法、刑法、刑诉法、中外合资经营企业法，1979 年 7 月 1 日，五届全国人大二次会议一口气通过了七部法律。

——1982 年颁布施行的现行宪法，历经五次修改，从明确国家实行社会主义市场经济，到明确国家尊重和保障人权，再到调整充实中国特色社会主义事业总体布局和第二个百年奋斗目标的内容，印证着改革开放不断深化的时代图景。

——从民法通则到合同法，从消费者权益保护法到反不正当竞争法，再到公司法、保险法、仲裁法……一批经济领域立法，撑起了社会主义市场经济法律的“四梁八柱”。

——打击犯罪与保障人权并重，刑诉法于 1996 年完成第一次“大修”；一年后，刑法也迎来出台后的首次修改。此后，两部法律又经过多次修改，逐步完善。

——出台外商投资法，以更大力度推进更高水平对外开放；加快编纂形成统一的民法典，全方位保护每个人的民事权利；表决通过监察法，为构建集中统一、权威高效的中国特色国家监察体制奠定制度基础……

2010年底，中国特色社会主义法律体系如期形成，之后不断完善、与时俱进。党的十八大以来，新时代的国家立法，从“有法可依”走向“良法善治”的步伐更加铿锵有力。

曾经“先改革后立法”“边改革边立法”，如今“凡属重大改革必须于法有据”，立法工作更加科学化民主化法治化，让改革开放各项决策更符合人民期待和时代要求。

“立法决策与改革决策相一致，恰恰体现了党的领导、人民当家作主和依法治国的有机统一。”十二届全国人大法律委员会主任委员乔晓阳说。

统一而又分层次立法体制的建立，使人民代表大会制度建设迈出关键步伐。向国家立法看齐，地方人大及其常委会的立法与时代同步、与改革同频、与实践同发展。

1979年7月，五届全国人大二次会议通过有关决议和法律案，规定县级以上地方各级人大设立常委会，赋予了省级人大及其常委会制定地方性法规的职权。之后，各省、自治区、直辖市人大陆续设立常委会。

2000年出台立法法，标志着中国特色社会主义立法体制已经建立起来，成为我国立法体制发展道路上的里程碑。

2015年3月，对立法法作出修改，赋予所有设区的市地方立法权。我国地方立法主体从无到有、从少到多，增加到353个。

发挥“试验田”作用，为国家层面立法积累成熟经验；在地方事权范围内，有针对性地开展“小切口”立法；制定某一法律或行政法规的实施细则和办法，解决好法治通达基层的“最后一公里”问题……地方立法40年成效斐然。

65年来，274部现行有效的法律、700多部行政法规、12000多件地方性法规，有力支撑起中国特色社会主义法律体系的“参天大树”。

这是人民代表大会制度不可磨灭的贡献，也为国家治理体系和治理能力现代化打下坚实的制度根基，为中华民族伟大复兴提供了最根本、最长远的保障。

不忘为民初心 矢志永远奋斗

1954年，来自山西农村、年仅25岁的申纪兰第一次以全国人大代表的身份，亲历了载入史册的历史时刻：投票通过第一部宪法、选举产生国家领导人……

2019年，“80后”煤矿工人董林作为全国人大代表，步入人民大会堂。几年来，他连续提交免征煤矿井下艰苦岗位津贴个人所得税的议案，推动政策落地见效。今年，他又提出建议关注煤矿企业转型中的职工安置等问题。

来自人民，为了人民。人民代表肩负重任，正是65年来人大工作坚守为民初心，增进民生福祉的生动写照。

坚守为民初心，在于对民主立法、科学立法精神的持之以恒——

“118万”，这是“五四宪法”诞生之际，宪法起草委员会收到的来自全国各地民众对于宪法草案的修改和补充意见的数量。在宪法草案公布后的两个多月时间里，全国共有1.5亿人参加了这场关于新中国第一部宪法草案的大讨论。

65年来，法律草案的审议程序从“一审”变为“三审”，从部分法律案向社会征求意见到将这一做法常态化，从法律案审议过程中举行立法听证会到开展法律出台前的“评估”……看似细微的变化，见证着人大立法工作更加注重回应百姓需求，适应社会现实和发展要求。

广集民意、凝聚民智，法律才能更接地气、具实效。仅在2018年一年间，就有23件法律草案在中国人大网公开征求意见，逾22万人提出超过65万条意见。

坚守为民初心，在于开拓创新、忠实履职，筑牢人民权益的法治保障——

1983年，辽宁省沈阳市人大常委会对宪法的贯彻执行情况进行执法检查，开创地方人大执法检查先河。1993年，八届全国人大常委会通过《关于加强对法律实施情况检查监督的若干规定》，使执法检查工作进一步规范化、程序化、制度化，下大力气改变法律实施不力的状况。

法令行则国治。人大监督工作动真碰硬，才能取得实效。

全国人大常委会专门加开会议听取审议大气污染防治法执法检查报告，对检查中发现的涉及22家企业的38个问题点名曝光；海洋环境保护法执法检查重点监督11个沿海省份的入海排污口设置和管理；专题询问切中要害、不走过场，首次对“两高”工作开展专题询问……党的十八大以来，人大监督更加务实有力，让法律制度成为刚性约束和不可触碰的高压线。

坚守为民初心，必须聚焦人民群众所需所急所盼，护航经济社会发展——

修订环境保护法，推动铁腕治污；大修行政诉讼法，破解“民告官”难题；出台疫苗管理法、修改药品管理法，更有力捍卫百姓健康；颁布电子商务法，让网购大军维权更有底气……走进新时代，立法工作让亿万人民获得感满满。

采取“打包”修法、作出决定等方式，为全面深化改革提供法律保障；国家安全法、网络安全法等一批法律颁布，坚决维护国家主权、安全、发展利益；社会主义核心价值观融入立法，让“中国精神”更有力量……完备的法律体系，让改革发展更有保障、社会运行更有章可循。

一种政治制度的生长，与其扎根的土壤息息相关。十三届全国人大代表中，一线工人、农民代表占代表总数的15.7%，相比上届提高了2.28个百分点。来自基层一线的代表不断增加，更多基层的声音进入最高国家权力机关。

“必须毫不动摇坚持中国共产党的领导”“必须保证和发展人民当家作主”“必须全面推进依法治国”——坚持和完善人民代表大会制度，道路就在脚下，前程无比广阔。

不忘初心志如山。65载峥嵘岁月，人民代表大会制度坚定为民信念、顺应时代潮流，在神州大地不断生长、壮大，将国家民族前途命运牢牢掌握在人民手中。

牢记使命勇担当。在新的历史起点上，人民代表大会制度不断砥砺前行，必将展现出更加强大的生命力和更加显著的优越性，为中国特色社会主义事业提供更加有力的保障。

（新华社北京2019年9月15日电　新华社记者杨维汉、陈菲、罗沙）

开启全面依法治国新时代

——党的十八大以来全面依法治国新成就述评

法治，中华民族发展进步的艰辛探索，也是实现国家长治久安的必由之路。

党的十八大以来，以习近平同志为核心的党中央从关系党和国家前途命运的战略全局出发，从前所未有的高度谋划法治，以前所未有的广度和深度践行法治，开辟出全面依法治国理论和实践的新境界。在统筹推进伟大斗争、伟大工程、伟大事业、伟大梦想，全面建设社会主义现代化国家的新征程上，一个充满生机活力、令人更加向往的全面依法治国新时代，正向我们渐行渐近。

高扬伟大旗帜 始终把牢法治中国正确航向

2018 年 8 月 24 日，我国社会主义法治建设史上一个具有里程碑意义的时刻——

中共中央总书记、国家主席、中央军委主席、中央全面依法治国委员会主任习近平主持召开中央全面依法治国委员会第一次会议并发表重要讲话，对全面依法治国作出新的重大部署。他用高度凝练的概括，阐述着一系列全面依法治国新理念新思想新战略——

“坚持加强党对依法治国的领导”；

“坚持人民主体地位”；

“坚持中国特色社会主义法治道路”；

“坚持建设中国特色社会主义法治体系”；

“坚持依法治国、依法执政、依法行政共同推进，法治国家、法治政府、法治社会一体建设”；

“坚持依宪治国、依宪执政”；

“坚持全面推进科学立法、严格执法、公正司法、全民守法”；

“坚持处理好全面依法治国的辩证关系”；

“坚持建设德才兼备的高素质法治工作队伍”；

“坚持抓住领导干部这个‘关键少数’”；

……

铿锵的话语，深刻的论断，标志着中国共产党人对共产党执政规律、社会主义建设规律和人类法治文明发展规律的洞察和把握，达致崭新高度。

从历史的天空俯瞰中国，中国特色社会主义法治事业的每一个新进展，都伴随着中国特色社会主义法治思想的新飞跃，中国特色社会主义法治理论始终是中国特色社会主义法治事业发展的科学指南。

时代是思想之母，实践是理论之源。

回望4年前的金秋十月，党的十八届四中全会大幕开启，掀开全面依法治国的崭新一页。新时代中国的掌舵者，向全世界这样宣示中国践行法治的决心——

“全面推进依法治国，是着眼于实现中华民族伟大复兴中国梦、实现党和国家长治久安的长远考虑。”

法治梦与强国梦，从未如此紧密相连。

逐梦前行的道路，也从来不是一片坦途。

身处“千年未有之变局”，面对世情、国情、党情的深刻变化，中国遭遇的风险挑战、困难险阻前所未有。党和国家事业发展比以往任何时候，都更加需要发挥法治固根本、稳预期、利长远的保障作用。

前无古人的法治事业，需要伟大的领航人。

“党的领导是中国特色社会主义最本质的特征，是社会主义法治最根本的保证。”中央全面依法治国委员会办公室副主任、中央政法委秘书长陈一新说。

高举中国特色社会主义伟大旗帜，以习近平同志为核心的党中央运筹帷幄、统揽全局，始终牢牢把握正确方向，引领全面依法治国的航程——

明确全面依法治国的指导思想、发展道路、工作布局、重点任务，深刻回答中国特色社会主义法治建设向哪里走、跟谁走、走什么路、实现什么目标、如何实现目标等一系列重大问题……不断创新发展的中国特色社会主义法治理论，为全面依法治国提供根本遵循。

“社会主义法治必须坚持党的领导，党的领导必须依靠社会主义法治。”中共中央党史和文献研究院副院长曲青山说。

依法而治，循法而行。

如同一部大纲，着眼推进国家治理体系和治理能力现代化，党中央对全面依法治国作出顶层设计，将党和国家各项工作全面纳入法治化轨道。

恰似一条红线，改革发展稳定，内政外交国防，治党治国治军，无不以法治为框架，无不用法治作保障，无不由法治来贯穿。

从新时代启航，无论潮平岸阔还是风急浪高，有了法治这座“压舱石”，中国共产党引领中国沿着既定航线笃定前行。

面对充满不确定性的未来，世界纷纷将目光投向东方。国际舆论普遍认为，在中国共产党领导下，社会主义法治建设的独特模式，将使中国获得更可持续的发展，并进一步惠及世界。

从不停滞，从不懈怠。中国将如何继续开辟自己的法治道路？

“要健全党领导全面依法治国的制度和工作机制，继续推进党的领导制度化、法治化，把党的领导贯彻到全面依法治国全过程和各方面，为全面建成小康社会、全面深化改革、全面从严治党提供长期稳定的法治保障。”

这是一个伟大政党的战略抉择，也是一个伟大政党的使命担当。

护航改革发展 努力推动国家治理深刻变革

宁夏银川市新水桥村，一个4500人的村庄，曾是问题频出的“空壳村”。

2年前，为了尽快致富增收，村里探索成立宁夏新水桥实业有限公司。但由于村委会没有法人地位，企业发展一度陷入困境。

随着民法总则应时而生，其中设立的“特别法人”制度，赋予农村集体经济组织和村委会法人资格，一举破解发展之困，实现了集体资产的盘活。

在千里之外的北京，2018年8月27日，民法典各分编草案首次提交全国人大常委会审议。

婚姻、住房、隐私、合同……为编纂这部“社会生活百科全书”，立法机关拟对现行物权法、合同法、婚姻法、侵权责任法等进行修改完善。几代人孜孜以求的“中国民法典”梦想，即将迈出新的坚实一步。

立善法于天下，则天下治。

时针拨回到5个多月前。2018年3月11日，《中华人民共和国宪法修正案》高票表决通过，如潮的掌声，在人民大会堂万人大礼堂长时间响起。

此次宪法修改，确立了习近平新时代中国特色社会主义思想在国家政治和社会生活中的指导地位，全面体现党和人民在新时代中国特色社会主义事业中取得的重大理论创新成果、实践创新成果和制度创新成果。

坚持依法治国，首先要坚持依宪治国。

设立国家宪法日，实行宪法宣誓制度，落实宪法规定的国家功勋荣誉表彰制度，实施宪法规定的特赦制度，将全国人大法律委员会更名为全国人大宪法和法律委员会，进一步加强备案审查工作……尊崇宪法地位，保证宪法实施，为国家治理奠定坚实根基。

深圳，改革开放最前沿。

2017年夏，经济特区成立37周年之际，全国首部宏观层面的质量促进法规《深圳经济特区质量条例》出台，为这座因改革而生、因开放而强的城市进一步创新发展，提供了可靠制度保障。

经济社会发展的步伐行进到哪里，立法就要跟进到哪里。

从修改环境保护法、食品安全法、消费者权益保护法，到制定慈善法、中医药法、反家庭暴力法，围绕群众最关心最直接最现实的利益问题，立法工作全方位回应民生关切。

从中小企业促进法到反不正当竞争法，从快递暂行条例到增值税暂行条例，一批与社会主义市场经济发展紧密相关的法律法规落地施行，多层次适应经济发展需求。

从国家安全法到网络安全法，从反恐怖主义法到境外非政府组织境内活动管理法，一批涉及国家核心利益的法律正式颁布，坚决维护国家主权、安全、发展利益。

党的十八大以来，全国人大及其常委会、国务院坚持立法先行，紧紧抓住立法质量，共制定法律 28 件，共修改法律 137 件次，制定修改行政法规 266 件次，以宪法为核心的中国特色社会主义法律体系日趋完善。

常制不可以待变化，一途不可以应无方。

运用授权立法，推动国家监察体制改革、公务员制度改革、军官制度改革等，让重大改革于法有据、改革与立法同频共振；

修改立法法，明确立法权力边界，从体制机制和工作程序上防止部门利益和地方保护主义法律化；

依法赋予所有设区的市地方立法权，一个从中央到地方的人大制度的完整立法体系日渐形成。

“党的十八大以来，我国坚持科学立法、民主立法、依法立法，立法质量和效率不断提高，为法治国家、法治政府、法治社会建设夯实了制度基础。”中国法学会副会长张文显说。

有“良法”，更要有“善治”。推进全面依法治国，建设社会主义法治国家，关键在于各级政府能否厉行法治、依法办事。

近年来，依法行政深入推进，将权力运行全面纳入法治轨道，向着“到 2020 年基本建成职能科学、权责法定、执法严明、公开公正、廉洁高效、守法诚信的法治政府”这一总体目标加速前行。

数据和事实，折射出法治政府建设的累累硕果——

5年多来，国务院部门行政审批事项削减44%，非行政许可审批彻底终结，中央和地方政府定价项目分别缩减80%和50%以上，全国所有省市县三级政府部门权责清单均已公布。

5年多来，全国大力发展“互联网+政务服务”工作，推出“一窗受理、一站服务”等便民举措，实施“多证合一”改革，以“减证”促“简政”，实现政务服务不断优化。

5年多来，各地各部门探索推进行政决策科学化民主化法治化，普遍出台有关制度或作出相关规定，普遍建立法律顾问或公职律师制度，确保决策质量和效率不断提高。

……

把权力关进制度的笼子，是依法治国的应有之义。

党的十八大以来，行政执法体制改革深入推进，逐步建立起适合我国国情和经济社会发展要求的行政执法体制；行政执法程序进一步完善，全国32个地方和部门推行“三项制度”试点，乱执法、执法不作为等突出问题得到有效遏制。

为强化对行政权力的制约和监督，国务院连续4年部署开展全国大督查，推动各地方各部门依法履职，加大问责力度，整治政策落实中的突出问题。行政复议工作持续加强，5年多来，国务院共办结行政复议案件1.3万余件，各地方各部门共办结行政复议案件70.5万余件。

为全面推进政务公开，中共中央办公厅、国务院办公厅印发《关于全面推进政务公开工作的意见》。5年多来，政府信息公开数量实现大幅增长，政务公开信息化、集中化水平大幅提高。

依法治国，重在法之必行。

一场场刀刃向内、自我加压的政府革命不断向纵深发展，法治政府公信力、执行力持续提升，让人民群众的获得感更加可触可及。

守护公平正义　让法治阳光照进人民心田

2018年盛夏，青海省海北藏族自治州门源回族自治县，一处海拔3000多米的草场郁郁葱葱、草木繁盛。

这里是一起承包经营权权属纠纷的强制执行现场。被执行人一直拒绝履行判决，甚至“以死相逼”。在县法院、乡党委政府、村两委的共同努力下，72岁的执行申请人费婆婆终于拿回了属于自己的700多亩草场。

“判决下来后，我还是拿不到判给我的草场，当时愁得慌，现在终于解决了。”费婆婆难抑激动。

采取联合惩戒让失信者“寸步难行”，完善网络查控系统对被执行人财产“一网查尽”，全媒体直播“抓老赖”让诚实守信深入人心，280万失信被执行人自动履行义务……“执行难”，这一司法痛点正得到有效化解，成为新时代法治中国建设的生动写照。

公平正义，国之基址。司法是维护社会公平正义的最后一道防线。

问题所指，改革所向。瞄准各种司法不公、司法腐败的深层次原因，司法体制改革被称为司法领域一场触及灵魂的革命。

“党的十八大以来，政法战线坚持正确改革方向，敢于啃硬骨头、涉险滩、闯难关，做成了想了很多年、讲了很多年但没有做成的改革，司法公信力不断提升，对维护社会公平正义发挥了重要作用。”习近平总书记的论断，是对司法体制改革历史性成就的集中诠释。

“啃硬骨头、涉险滩、闯难关”，可见任务之重，改革之难——

吉林，全国首个从省级检察院开始“大部制”改革的省份，大规模“拆庙减官”，变革为以主任检察官为核心的扁平化管理模式。

实施立案登记制改革，全国法院当场登记立案率超过95%。员额制改革让全国法官检察官重新“洗牌”，12万多名法官、9万多名检察官遴选入额。司法责任制改革迎难而上，“谁办案谁负责”成为司法人员的广泛共识。

“想了很多年、讲了很多年”，足见涉及之广，触动之深——

今年5月，一段上海民警的执法视频引发网民热议。从口头反复告知，到采取强制措施，整个执法过程依法有据、文明规范，被网民称为“教科书式执法”。

执法司法规范化建设进一步增强公信力，律师制度改革更好保障当事人合法权利，延续半个多世纪的劳教制度退出历史舞台，防范纠正冤错案件的制度不断健全，以审判为中心的刑事诉讼制度改革稳步推进……

平出于公，公出于道。司法体制改革，改的是体制机制，破的是利益藩篱，凝聚的是人民对公正的信心、对法治的信仰。

一切为了人民，这是法治中国无处不在的烙印，也是法治中国始终不变的底色。新时代法治中国建设聚焦人民群众在民主、法治、公平、正义、安全、环境等方面的新需要，为人民带来的获得感、幸福感、安全感更加充实、更有保障、更可持续。

人民法院依法再审社会反响强烈的涉产权案件，检察机关严惩侵犯非公有制企业和非公有制经济人士合法权益犯罪……公正司法营造法治化营商环境，让企业主挺起腰杆安心创业。

严惩非法吸收公众存款、集资诈骗、传销等涉众型经济犯罪，妥善审理互联网金融案件、民间借贷案件……为守好百姓的钱袋子，司法机关撸起袖子加油干。

人民陪审员制度改革、人民监督员制度改革不断深化，国家司法救助制度更加健全，公共法律服务平台建设实体、热线、网络三大平台加快融合……司法为民的生动实践，让法治更加感召人心。

法之必行，在于民心所向。对公平正义的切身感受，让越来越多的人民群众自觉成为法治中国的参与者和建设者。

社会主义核心价值观写入宪法，英雄烈士保护法推动传承和弘扬英烈精神，国歌法激励全体人民共同唱响国家民族最强音。法为天平、德为准绳，凝聚起中华民族的“精气神”。

国家机关“谁执法谁普法”普法责任制普遍落实，各级党组织和国家机关集体学法已形成制度。以“关键少数”为抓手，助推全民法治观念不断增强，全社会大普法格局正在加速形成。

全面依法治国是一项长期而重大的历史任务，也是一场深刻的社会变革。

回首处，跋山涉水未停步。

全党全国人民在全面依法治国的进程中不懈奋进，开辟出一条法治文明进步的中国特色之路。中国的法治道路、法治理论、法律制度和法治文化日益绽放出独特的光芒，屹立于世界法治文明之列。

望征途，初心一如来时路。

加快建设中国特色社会主义法治体系和社会主义法治国家，促进社会主义法治迈向良法善治的新境界，努力让人民群众在每一项法律制度、每一个执法决定、每一宗司法案件中都充分感受到公平正义。这是法治中国的美好愿景，也是法治中国的不渝追寻。

（新华社北京2018年9月6日电　新华社记者邹伟、罗沙、丁小溪）

让经济社会发展迸发出更为强大的活力
——“放管服”改革述评

简政放权、放管结合、优化服务——

“放管服”改革就像源头活水，放出的是活力，提升的是管理，优化的是服务，激发的是动力。

在以习近平同志为核心的党中央坚强领导下，聚焦市场主体和人民群众的痛点难点，一场深刻的“放管服”改革在神州大地激荡，企业在松绑除障中释放活力，百姓在除烦苛之弊中收获便利。

“刀刃向内”自我革命激发活力

“我们项目从被受理到取件，3 天就拿到了建设工程规划许可证。”位于北京的金汉王科技项目负责人邓伟秋告诉记者，按以往的审批流程，需要约 10 个步骤、113 个工作日，现在环节大幅压缩，项目审批只进“一扇门”。

金汉王科技有限公司与美国苹果公司合作，拟将原有工业厂房改造为科研实验室。今年 4 月，公司提出了厂房改造申请。

“收到建设单位申请后，经我委‘多规合一’协同平台初审确认，直接办理。”北京市规划国土委建设工程核验处处长赵舒说。

“通过改革，我们逐步实现从被动受理审批到主动协调服务，全过程监督就是要切实解决建设单位在施工过程中出现的问题。”赵舒说。

事实上，拿到建设工程规划许可证，整个环节才刚刚开始，一系列监管手段将同步跟进——

市规划国土委核验部门将项目纳入全过程监督，并定期回访了解进展情况。待项目选定施工单位后，将继续申办施工许可，并同步开展交通影响、水污染、环境影响评价等专项评价工作。

2013 年，334 项行政审批等事项取消下放，简政放权成为深化改革的“先手棋”；2014 年强化放管结合，逐步健全以“双随机、一公开”监管为基本手段、以重点监管为补充、以信用监管为基础的新型监管机制；2015 年又将优化服务纳入其中，“放管服”三管齐下、全面推进的格局逐步形成……

今年 11 月 10 日起，全国首批 106 项涉企行政审批事项，分别按照直接取消审批、审批改为备案、实行告知承诺、优化准入服务等四种方式，实施“证照分离”改革。

突破小切口，牵动大变革。短短几年，“放管服”改革激发市场活力、增强内生动力、释放内需潜力，取得超出预期的成效。

放活了企业——

截至 9 月底，全国实有市场主体 1.06 亿户，是 2012 年的 8 倍多，平均每天新生 1.84 万户，城镇新增就业连续 5 年超过 1300 万人，中国正成为世界上最大的创业国。

催生了动力——

新技术、新产业、新业态、新模式蓬勃发展，社会生产方式、人们的工作和生活方式发生深刻改变，传统产业在改造提升中焕发生机，新旧动能接续转换中，经济结构加快优化升级。

节省了成本——

通过大幅削减行政审批事项、企业投资核准项目，彻底终结非行政许可审批，取消、停征、减免 1100 多项中央和省级政府行政事业性收费，降低物流、电信等成本，累计减轻市场主体负担超过 3 万亿元。

打造有全球竞争力的营商环境

一次性提升32位!

10月31日，世界银行发布的最新报告——《2019年营商环境报告：为改革而培训》显示，中国在过去1年为中小企业改善营商环境实施的改革数量创纪录，全球排名从上期的第78位跃升至第46位。

报告中，世行称赞中国相关领域改革“令人惊叹的快速且有效”。

“中国营商环境排名上升本身不令人意外，令人惊叹的，是中国实施改革的速度和成效。”编制报告的世行全球指标局高级经理丽塔·拉马略说。

以跨境贸易为例，报告“点赞”中国国际贸易“单一窗口”建设，认为中国在取消行政性收费、增强透明度并鼓励竞争方面取得显著成效，压缩了跨境贸易的时间和成本。

“公司业务量大，进口零部件多，过去办理加工贸易手册涉及的业务程序复杂，费力费时。”

说起以前的“条条框框”，哈尔滨沃尔沃汽车（亚太）投资控股有限公司亚太区关务总监高敬峰有切身体会。

今年以来，哈尔滨海关改变以往各地分散办理、分层核批的业务模式，通过组建“核批中心”统一办理全省业务。

“核批中心专门为我们试点运行了以企业为单元的服务和监管模式，业务办理速度比以往提高一倍，节约各类经营成本数百万元。”高敬峰说。

围绕处理好政府和市场关系这个核心问题，聚焦打造全球有竞争力的营商环境，一些酝酿多年的改革纷纷破题，一些久拖不决、久攻不下的难题逐步突破。

实施负面清单制度，清除市场壁垒；推进商事制度改革，增强市场活力；价格改革攻坚，投融资体制改革破冰，市场竞争更加公平；利率汇率市场化改革突破；社会信用体系加快建设……使市场在资源配置中起决定性作用的“四梁八柱”逐步构建。

作为世界银行对中国营商环境评估的两个样本城市之一，北京于去年 9 月在全国率先出台了改革优化营商环境实施方案，推出了 26 项改革措施和 136 条政策清单。今年上半年，北京市聚焦办理施工许可、开办企业、获得电力等重点环节，精准制定了系列政策措施，更有针对性地解决痛点难点问题。

营商环境就是生产力。为了激发市场活力，各地纷纷出实招：上海市积极实施政府服务“一网通办”，江苏省提出打造税收营商环境“高地”，浙江省全面推进“最多跑一次”改革，安徽省则打出了创优“四最”营商环境的牌子，全国 11 个自贸试验区充当改革“先行军”，负面清单管理、“证照分离”“一照一码”等在全国复制推广。

11 月，外币兑换专业机构通济隆（Travelex）正式决定，将其亚洲区总部设在上海浦东新区，以此辐射中国香港、马来西亚、新加坡、泰国、日本等国家和地区。

“近年来在与上海自贸区的合作中，我们切实感受到服务型政府的理念。目前，通济隆中国可兑换币种已经达到 40 多个，涵盖绝大部分‘一带一路’沿线国家。”通济隆亚洲区执行董事何穆凯说。

今年前 10 个月，我国实际使用外资 7011.6 亿元人民币，同比增长 3.3%；新设立外商投资企业 49545 家，同比增长 89.3%。在全球外国直接投资金额大幅下滑的当下，我国吸引外资实现逆势上扬。

“在过去一年里，中国在为中小企业改善营商环境方面取得了快速进展，使中国进入（营商环境）世界排名前 50 的经济体之列，这体现出中国政府对培育创新和私营企业的高度重视。”世界银行中国局局长郝福满说。

让人民群众更有获得感

2014 年，退休老人许国荣从老家来到天津养老。为了证明自己还“活着”，他每年都要花三四天时间去办手续：先要到离家很远的地方去取表，然后到社区居委会和街道盖章，盖好章的表还要送回取表地点……

许国荣老人的经历并非个案。

办事难、开各种“奇葩证明”……让群众有不少意见。

如今，与许国荣有着同样境遇的老人可以通过下载手机客户端、远程视频等方式进行“刷脸”认证；为了方便特殊人群办理认证，一些地方社保经办机构还在线上线下认证的基础上，以健康体检、文娱活动、慰问等形式上门入户进行认证。

“简政放权、创新监管本质上都是为了更好地为人民服务，让人民群众有更多的获得感。”中国社会科学院大学管理学院执行院长柴宝勇说。

变政府“端菜”为人民“点菜”，真正让人民群众成为改革的监督者、参与者、受益者。

办户口迁移材料多、交违章罚款跑不停……8 月 10 日，国家发改委联合有关方面开展的“群众办事百项堵点疏解行动”第四批堵点难点征集启动。

截至 7 月底，“群众办事百项堵点疏解行动”已分 3 批推进，共征集了 60 项堵点问题，涉及教育、身份证明、商事服务、社保医疗等领域。已到解决期限的 36 项堵点问题中，全国超半数地区实现解决的有 33 项。

国家发改委高技术产业司有关人员介绍，供网民选择的几十个堵点问题并不是凭空想象出来的，一些是请地方一线办事人员提供平时办件量大、群众反映强烈的问题，还有通过各部委多方面收集、综合分析得来。

百姓的“小事”，正是民生的“大事”，也是“放管服”改革瞄准的“靶心”，指向的是不断满足人民对美好生活的向往。

——今年 3 月，中央深改委第一次会议审议通过《关于深入推进审批服务便民化的指导意见》，推动这项改革在各地落地开花。

——6 月，国务院办公厅发布《关于做好证明事项清理工作的通知》，要求贯彻落实减证便民、优化服务的部署，切实做到没有法律法规规定的证明事项一律取消。

——7 月，中央深改委第三次会议继续对此聚焦，审议通过《关于浙江等地深化“最多跑一次”改革需要中央层面解决的事项清单及工作建议》，从中央层面为与人民群众利益攸关的基层改革探索加强制度和政策设计……

找政府办事方便了，就业选择更丰富了，实现梦想的舞台扩大了……改革着力点更精准落在人民群众对美好生活的需求中。

“放管服”改革是涉及理念、体制机制、工作方式的深刻变革，也是一项艰巨复杂的系统工程，要克服种种困难和挑战，持续深入推进，决不能有“差不多”“歇歇脚”的松懈思想。

路虽远，行则将至；事虽难，做则必成。

要实现全面建成小康社会目标，并为第二个百年奋斗目标开好头、起好步、打好基础，“放管服”改革依然是重要抓手。

在习近平新时代中国特色社会主义思想指引下，全国上下勠力同心，开拓奋进，一定会推动“放管服”改革不断向纵深发展，为决胜全面建成小康社会、夺取新时代中国特色社会主义伟大胜利不断作出新的贡献。

（新华社北京2018年11月30日电　　记者齐中熙、安蓓、赵文君，参与记者：马晓成、方向禹、余贤红、刘巍巍）

治理智慧释放中国经济磅礴动能

——社会主义市场经济体制优势日益彰显

这是一场从计划到市场的伟大实践；

这是国家治理能力在经济社会领域的集中体现；

这是中国为全球经济治理贡献的智慧；

这是中国特色社会主义理论不断发展的重大成果；

在摸索和实践中，中国这个世界最大的发展中国家砥砺前行，迸发出澎湃的经济活力。在坚持和完善中，中国特色社会主义市场经济体制优势不断显现，创造了世界经济史光芒四射的奇迹。并将以不竭的前进动力，书写中国特色社会主义事业更加耀眼的新的历史。

经济成就凸显制度优势

金秋北京，“伟大历程　辉煌成就——庆祝中华人民共和国成立 70 周年大型成就展”上，一组中国桥梁的变迁，令人回味。

62 年前，“一桥飞架南北，天堑变通途”，万里长江第一桥——武汉长江大桥建成，刻下鲜明的时代印记。

2018 年，“伶仃洋上飞‘彩虹’”，港珠澳大桥，这座世界上最长的跨海大桥开通，成为世界交通建设史上的新标杆，有力印证了中国的自主创新能力和综合国力。

中国桥梁的时代巨变，映射出我国综合国力由弱到强的历史性巨变，也是社会主义制度优越性的集中体现。新中国成立70年来，中国共产党带领中国人民用几十年的时间，就走完了西方国家几百年走过的路，迎来了从站起来、富起来到强起来的伟大飞跃。

从全球范围看，中国经济以其显著定力持续成为世界经济增长引擎。

按不变价计算，1979年至2018年中国国内生产总值年均增长9.4%，远高于同期世界经济2.9%左右的年均增速，对世界经济增长的年均贡献率为18%左右，居世界第二。尤其是自2006年以来，中国对世界经济增长贡献率稳居世界第1位，成为世界经济增长第一引擎。2013年至2018年，中国对世界经济年均贡献率提升至28.1%。

今年以来，世界经济下行压力不断加大，但中国经济依然亮眼，经济结构持续优化，民生福祉不断改善，既实现了“稳”，又取得了“进”。前三季度我国国内生产总值同比增长6.2%，在全球主要经济体中名列前茅，继续领跑全球经济。“中国人对自身的发展模式更加自信。”美国《华尔街日报》如是写到。

中国经济的腾飞，离不开公有制经济和非公有制经济“两翼”展翅。毫不动摇巩固和发展公有制经济，毫不动摇鼓励、支持、引导非公有制经济发展，有机统一、相辅相成、比翼齐飞。

——公有制经济是新中国经济发展奇迹的基石。1978年至2018年间，全国国有企业营业收入、利润总额分别实现年均增长11.9%和10.3%；2018年全国国有企业资产总额、所有者权益分别达到1978年的247.1倍和130倍，成为国民经济持续健康发展的中流砥柱。

——民营经济是推动我国经济发展不可或缺的重要力量，为中国成长为世界第二大经济体作出了巨大贡献。如今的民营经济创造了我国60%以上GDP，缴纳了50%以上的税收，贡献了70%以上的技术创新和新产品开发，提供了80%以上的就业岗位。在全面建设社会主义现代化国家的新征程上，我国民营经济越来越强。

与此同时，外资已成为中国经济的重要组成部分。2018年，我国实际使用外商直接投资1383亿美元，规模为1983年的151倍，年均增长15.4%。我国已连续两年成为全球第二大外资流入国，连续27年成为外资流入最多的发展中经济体。今天，中国正致力于营造更加公平透明的投资环境，迈向更高水平的对外开放。

从封闭半封闭到全方位开放，从高度集中的计划经济到社会主义市场经济，在不断探索中，我国竞争性领域和环节价格基本放开，市场调节价的比重从1978年的3%上升到近98%；制造业总量连续多年稳居世界第一，市场供求格局发生根本性改变，商品短缺和凭证供应的时代一去不复返……我国充分发挥社会主义制度优势，成功驾驭和发展市场经济，取得了举世瞩目的发展成就。

没有一蹴而就，只有厚积薄发。

这一系列伟大成就，其背后宏伟广阔的时代背景，正是社会主义市场经济体制改革的层层深入及其推动的经济大发展和大转型。

这一系列伟大成就，是对完善和发展中国特色社会主义制度、使市场经济有效服务于实现中华民族伟大复兴中国梦的最好诠释。

这一系列伟大成就，彰显出我国在改革开放中所建立的社会主义市场经济体制所具有的独特制度优势：坚持公有制的主体地位，保证了经济发展沿着中国特色社会主义道路向前迈进，使发展和改革成果惠及最广大人民；坚持多种所有制共同发展，保障市场各经济主体的利益，最大程度上激发各经济主体的积极性、主动性和创造性，激发市场参与主体的活力，形成了推动经济发展的强大合力。

有效市场与有为政府并重

中国在经济发展上取得的辉煌成就，究其根本，是因为找到了一条符合国情的中国特色社会主义道路，坚持和完善了公有制为主体、多种所有制经济共同发展的基本经济制度。在这一过程中，高举改革旗帜，冲破思想观念束缚，破除利益固化藩篱，清除妨碍生产力发展和社会进步的体制机制障碍，不断推进国家治理体系和治理能力现代化。

近年来，在全国两会上提请全国人大审议的国民经济和社会发展主要指标年度计划表，只有薄薄几页纸，为数不多的约束性指标，集中在民生和环保领域。

回望计划经济时期，政府部门拨原料、下指标，企业是车间，生产后统一调配。“小到一个车间的螺母，都要列明计划生产的数量，当时办公室里各类计划要堆到天花板。”国家发展改革委的工作人员回忆说。

一份年度计划表的嬗变，折射出我国从计划经济到社会主义市场经济伟大实践的艰难求索。

20 世纪 50 年代开始，苏联东欧国家尝试了很多改革，都无法破除计划经济低效率的弊端，无法解决公有制和市场经济的统一问题。

中国经济“怎么办”？中国的改革开放进程从一开始便具有明确的目标方向和推进逻辑，始终坚持社会主义市场经济的改革方向和社会主义现代化国家的发展目标，创造性地划出具有中国特色、凝聚中国智慧、体现中国担当的改革开放的历史大轨迹——既发挥了市场经济的长处，又发挥了社会主义制度的优越性。

在这条改革开放的正确之路上，我们党不断解放思想，对政府和市场关系的认识不断深化，在发挥制度优势中更好发展市场经济——党的十四届三中全会提出，使市场在国家宏观调控下对资源配置起基础性作用；党的十八大提出，更大程度更广范围发挥市场在资源配置中的基础性作用；党的十八届三中全会提出，使市场在资源配置中起决定性作用和更好发挥政府作用。

在多轮机构改革的基础上，我国紧紧围绕处理好“有为政府”和“有效市场”的关系，持续加大政府职能转变力度，不断推进国家治理体系和治理能力现代化。

截至目前，国务院部门行政审批事项削减超过了 40%，工业生产许可证种类压减了三分之一以上，取消、减征、减免中央和省级政府行政事业性收费超过 1000 项，企业开办不动产登记等事项办理时间压缩 50% 以上。

世界银行最新公布的全球营商环境排名中，中国跃升至 31 位，较去年再提升 15 个位次，连续两年跻身全球营商环境改善最大的经济体排名前十。这是对我国行政体制改革不断深化的充分肯定，也是对我国国家治理能力持续提升的生动注脚。

健全的治理体系和有效的治理能力，是充分发挥社会主义市场经济体制优势的内在要求，也是建立统一、竞争、高效、规模宏大的现代市场体系的必要前提。推进国家治理体系和治理能力现代化，正在经济层面进一步发挥我国社会主义市场经济体制和基本经济制度的优越性。

向共同富裕大步迈进

辉煌成就见证昨天的奋斗足迹，更指引未来的发展方向。

党的十八大以来，以习近平同志为核心的党中央高举改革开放旗帜，以前所未有的决心和力度，以经济体制改革为重点全面深化改革，改革呈现出全面发力、多点突破、纵深推进的生动局面，推动党和国家事业取得历史性成就、发生历史性变革。

带领人民创造幸福生活，是我们党始终不渝的奋斗目标。消除贫困、改善民生、逐步实现共同富裕，是社会主义的本质要求，是我们党的重要使命。改革实践证明，只有坚持和完善我国的基本经济制度，才能不断增强我国经济发展的活力，不断增强人民的获得感、幸福感。

满满获得感，彰显改革含金量。数据显示，1949 年我国居民人均可支配收入仅为 49.7 元，2018 年居民人均可支配收入达到 28228 元，名义增长 566.6 倍，扣除物价因素实际增长 59.2 倍，年均实际增长 6.1%。1956 年我国居民人均消费支出仅为 88.2 元，2018 年居民人均消费支出达到 19853 元，名义增长 224.1 倍，扣除物价因素实际增长 28.5 倍，年均实际增长 5.6%。需要特别指出的是，党的十八大以来，农村居民人均可支配收入实际增速连续多年快于城镇居民，城乡居民收入差距不断缩小。

党的十九大报告提出，新时代我国社会主要矛盾是人民日益增长的美好生活需要和不平衡不充分的发展之间的矛盾，必须坚持以人民为中心的发展思想，不断促进人的全面发展、全体人民共同富裕。

全面打响脱贫攻坚战，脱贫攻坚力度之大、规模之广、影响之深前所未有，取得了决定性进展，谱写了人类反贫困历史新篇章。全国农村贫困人口从2012年末的9899万人减少至2018年末的1660万人，连续六年平均每年减贫1300多万人，到2020年我国将实现现行标准下农村贫困人口全面脱贫，这必将创造中国新时代的发展奇迹。

“民惟邦本、本固邦宁”。改革开放以来，我国始终坚持在发展中保障和改善民生，在幼有所育、学有所教、劳有所得、病有所医、老有所养、住有所居、弱有所扶上不断取得新进展，不断改善人民生活、增进人民福祉。纵观全球，在主要经济体中，能够在实现经济快速发展的同时使绝大多数居民享受到发展成果的国家凤毛麟角，主要发达经济体中甚至出现家庭收入增长停滞不前、两极分化加剧的局面。

积力所举无不胜，众智所为无不成。行至中流，全面深化改革已经进入深水区，剩下的都是难啃的骨头，发展理念上的变革和再塑成为必然。凝聚着对中国发展道路的接续思考和实践，创新、协调、绿色、开放、共享的新发展理念日益成型。创新成为第一动力，协调成为内生特点，绿色成为普遍形态，开放成为必由之路，共享成为根本目的，一条高质量发展的道路逐步绘就。

深化供给侧结构性改革、加快建设创新型国家、实施乡村振兴战略、实施区域协调发展战略、加快完善社会主义市场经济体制、推动形成全面开放新格局……加速驱动模式转变，一幅现代经济支撑体系蓝图全面展开。

进入新时代，中国经济正在积蓄发展磅礴动能，在以人民为中心的发展中厚植根基。坚持以人民为中心，是中国特色社会主义制度永远焕发强大生命力、保持长久优越性的根本保证。不断完善和发展社会主义市场经济，是破解发展难题的根本动力，也是发挥社会主义制度优势的必然选择。坚持和完善中国特色社会主义经济制度，创新和完善宏观调控，是实现国家繁荣富强、民族伟大复兴的必由之路。

（新华社北京 2019 年 10 月 30 日电　经济参考报记者张超文、李佳鹏、孙韶华、吴黎华）

守正道 创新局

——党的十九大以来宣传思想文化工作述评

一些重要的节点，标注时间的分量，铭刻前行的坐标。

党的十九大把习近平新时代中国特色社会主义思想确立为全党的行动指南，对新时代中国特色社会主义发展作出战略部署，描绘了决胜全面建成小康社会、全面建成社会主义现代化强国的宏伟蓝图，中华民族伟大复兴展现出光明的前景。

历史从哪里开始，思想进程也应当从哪里开始。

党的十八大以来，以习近平同志为核心的党中央举旗定向，正本清源，使意识形态领域形势发生了全局性、根本性的转变。

2018 年 8 月，习近平总书记在全国宣传思想工作会议上发表重要讲话，指出宣传思想战线进入了守正创新的重要阶段，强调“推动宣传思想工作不断强起来”。

守正，创新，强起来！这是凝心聚力的时代呼唤，这是再书华章的期许厚望。

宣传思想文化战线树牢“四个意识”、坚定“四个自信”、坚决做到“两个维护”，肩负起举旗帜、聚民心、育新人、兴文化、展形象的使命任务，奋力开创崭新局面，为党和国家事业发展提供了坚强思想保证和强大精神力量。

高扬奋进新时代的思想旗帜

2018 年是全面贯彻党的十九大精神开局之年。面对错综复杂的国际环境和艰巨繁重的国内改革发展稳定任务，宣传思想文化工作的首要政治任务，就是坚持不懈用习近平新时代中国特色社会主义思想武装全党、教育人民，做到学思用相结合、知信行相统一。

神州大地上，学习新理论的热潮在涌动。

理论创新每前进一步，理论武装就必须跟进一步。《习近平谈治国理政》第一、二卷，《习近平新时代中国特色社会主义思想三十讲》甫一出版发行，就受到广大干部群众热烈欢迎、广受好评，成为学习宣传习近平新时代中国特色社会主义思想和党的十九大精神的权威读本。作为“理论热点面对面”系列的最新成员，《新时代面对面》以习近平新时代中国特色社会主义思想为指导，紧密联系新时代中国特色社会主义生动实践和干部群众思想实际，对相关问题进行深入浅出回答。“很亲切，读起来就像面对面交谈一样。”在北京市西城区广安门内街道报国寺社区举行的交流座谈会上，社区居民用朴实的话语表达对这本书的喜爱。

一本本理论书籍如约而至，一篇篇理论文章新鲜出炉，一场场理论讲座解疑释惑……宣传思想文化战线以富有时代性、创造性的方法举措，让理论宣传如春风化雨，让理论学习不断往深里走、往实里走、往心里走。

亿万人民中，领悟新思想的热情在升腾。

“新思想从实践中产生”系列报道、《答卷》《誓言》等微视频、《百家讲坛》特别节目《平“语”近人——习近平总书记用典》等精品力作，充分展示习近平总书记的崇高风范和深厚情怀，以人们喜闻乐见的方式，推动习近平新时代中国特色社会主义思想生动阐释、广泛传播，不断增强干部群众维护习近平总书记核心地位、维护党中央权威和集中统一领导的自觉性坚定性。

新时代中国，开展新实践的热忱更坚定。

“我们要坚持用马克思主义观察时代、解读时代、引领时代，用鲜活丰富的当代中国实践来推动马克思主义发展”，2018年5月，在纪念马克思诞辰200周年大会上，习近平总书记的重要讲话为学习和实践马克思主义提供了科学指引，为继续推进马克思主义中国化、时代化、大众化注入了强大动力。

从制作播出通俗理论对话节目《马克思是对的》、电视纪录片《不朽的马克思》，到编译出版纪念马克思诞辰200周年重点图书，再到举办“真理的力量——纪念马克思诞辰200周年主题展览”，宣传思想文化战线紧扣时间节点、营造浓厚氛围，带领人们感悟“千年第一思想家”的精神境界，领略马克思主义在中国传播运用和丰富发展的光辉历程，更加坚定在以习近平同志为核心的党中央坚强领导下，奋力书写新时代中国特色社会主义壮丽篇章的信念决心。

思想的光芒照亮前程，时代的强音动人心魄，伟大的事业薪火相传。

当历经风霜的老人感慨“共产党好、社会主义好”，当风华正茂的大学生们坦言“马克思靠谱”，当各行各业的人们在习近平新时代中国特色社会主义思想的指引下不断把宏伟蓝图变成触手可及的现实……“马克思主义在意识形态领域的指导地位更加鲜明”“全党全社会思想上的团结统一更加巩固”有了切实可感的注脚，中国特色社会主义道路自信、理论自信、制度自信、文化自信深植人心。

凝聚改革再出发的磅礴力量

2018年12月18日，人民大会堂，庆祝改革开放40周年大会在这里隆重举行。

“改革开放已走过千山万水，但仍需跋山涉水，摆在全党全国各族人民面前的使命更光荣、任务更艰巨、挑战更严峻、工作更伟大。”习近平总书记掷地有声的话语，催人奋进。

伟大的事业，需要伟大的精神。40年风雨同舟，40年披荆斩棘，伟大的改革开放精神始终激励亿万人民砥砺奋进。

一年多来，宣传思想文化战线紧紧围绕“将改革开放进行到底”的主题，开展一系列群众性主题宣传教育活动、推出一大批理论文章、采制生动的新闻报道、创作丰富的文艺作品，为隆重庆祝改革开放40周年营造团结奋进的浓厚氛围，为改革开放再出发构筑良好精神文化条件。

回望地标，信心更足。2018年5月，由中宣部组织的“壮阔东方潮 奋进新时代——庆祝改革开放40年”大型主题采访活动在深圳启动。中央和地方主要媒体以蹲点调研和集中采访相结合的方式，深入改革开放的前沿一线开展采访报道。可亲可感的故事、有血有肉的人物，让广大干部群众更加深刻认识到中国共产党、中国人民和中国特色社会主义的伟大力量，认识到改革开放和社会主义现代化建设的光明前景。

对比今昔，斗志更强。冬日寒意，并未影响人们的观展热情，有人甚至在冷风中等上几小时，只为一睹“伟大的变革——庆祝改革开放40周年大型展览”的风采。自2018年11月中旬在国家博物馆开展以来，现场参观人数累计突破240万，网上展馆点击浏览量超过3.2亿。“浓缩”在一件件展品里的40载光阴，以历史与现实的强烈对比，鼓舞人们接续奋斗、开创未来：“作为一名一线建设者，我们将在新时代继续努力，用智慧和行动助推中国梦早日实现”“作为在新世纪成长的一代，我深刻感受到改革开放的巨大成就，希望能为中国梦贡献自己的力量”……

回应关切，目标更明。“讲数字，更讲感受；讲成就，更讲未来举措。这个论坛很精彩！”“将改革开放进行到底”系列论坛上，受邀嘉宾结合社会关心的改革热点，展示各领域改革取得的成就，在与听众和网民互动交流时直面问题，不回避不绕弯。既有政策解读，又有疑问解答，是此次系列论坛的魅力所在。

展望未来，步履更坚。这是“大有可为的历史机遇期”，生逢其时的人们必须“艰苦奋斗再创业”“风雨无阻创造美好生活”，为中国特色社会主义伟大事业释放“源头活水”，携手共赴“改革开放天地宽”的光明前景……

每当署名“宣言”的政论文章问世，便迅速引起社会关注，掀起传播热潮。力透纸背的理性分析，娓娓道来的情感交流，令人眼前一亮、豁然开朗。

我们的时代精神，融汇于改革开放再出发的恢弘篇章里。

一年多来，宣传思想文化战线不断增强文化自信与文化自觉，用火热的创作见证伟大时代，一批讴歌党、讴歌祖国、讴歌人民、讴歌英雄的电影、电视剧、纪录片等陆续与观众见面。电视纪录片《我们一起走过——致敬改革开放40周年》、大型政论专题片《必由之路》、电视剧《大江大河》、电影《照相师》《中国合伙人2》等，带领人们共忆峥嵘岁月，以契合新时代的精神状态，走好我们这一代人的长征路。

我们的不竭动力，奔腾在同心共圆中国梦的壮阔征程中。

一年多来，宣传思想文化战线着力培育社会主义核心价值观，着眼培养担当民族复兴大任的时代新人。一批批榜样模范不断涌现，更多的身边好人点亮道德星空，群众性精神文明创建蓬勃开展，百姓的文化获得感幸福感持续提升，文化扶贫帮助困难群众富脑袋、提心气……亿万人民同心同德、团结奋斗，努力创造让世界刮目相看的新的更大奇迹。

奏响传播正能量的创新乐章

一场“突如其来”的“快闪”，点燃了人们心中的爱国情。2018年国庆节，北京前门大街，有人悄然拉起小提琴，孩子用清亮的童音唱起《我爱你中国》，新闻主播和知名歌手先后加入，人群渐渐聚拢，从轻声跟唱到放声高歌，对祖国的浓浓情意喷薄而出。

这是党的十九大以来，宣传思想文化工作着力创新的一个生动案例。宣传思想文化工作是做人的工作，面对思想文化的相互激荡、价值观念的多元多样、传播格局的深刻变化，统一思想、凝聚力量的任务之艰巨前所未有。宣传思想文化工作要更好地强信心、聚民心、暖人心、筑同心，比任何时候都更加需要创新。

开创新局，要在守正、贵在创新、重在实践。

面向广袤城乡，一年多来，新时代文明实践中心、县级融媒体中心的建设扎实有序、蹄疾步稳，切实打通“最后一公里”，让基层工作实起来、强起来，让党的创新理论“飞入寻常百姓家”，让新风正气传播得更广更远。

浙江省海宁市许村镇李家村的“李家播报”，是这个小村子推进新时代文明实践工作的创新载体。“李家播报”每月定期在村文化礼堂举行，村民们不仅能听到时政要闻、政策理论、村情事务等丰富的内容，还可以在互动环节与播报团成员展开交流讨论。现场播报结束后，“李家播报”通过微信公众号、新时代文明实践掌上APP平台等进行新媒体推送传播，唱响文明“好声音”。

在福建省上杭县，全县的农家书屋、农民文化广场、爱国主义教育基地等平台被纳入新时代文明实践中心基层阵地，红色文化论坛、红色小剧场和“星火讲师团”等成为这个革命老区开展活动的重要形式。各种社会力量也被充分调动起来，切实提升新时代文明实践中心的工作实效。

走近群众身边，才能走进百姓心里。从南至北，各地的宣讲员们用家常话、大白话，把理论“翻译”得既入脑、更入心，让政策解读接地气、聚人气。新时代文明实践中心建设，不断加强和改进基层思想政治工作，满足农民精神文化生活新期待，助力乡村振兴。

受众在哪里，宣传报道的触角就要伸向哪里。作为推动县级媒体转型升级的战略工程，2018年全面启动的县级融媒体中心建设，致力于打造基层主流舆论阵地、综合服务平台、社区信息枢纽。一个个县级融媒体中心挂牌成立，把传播触角延伸到千家万户，做好群众的“千里眼”“顺风耳”，当好百姓的“知心人”“贴心人”。

面对8亿多人上互联网的局面，一年多来，网络内容建设持续加强，积极健康、向上向善的网络文化，涵养了良好的网络舆论生态。

从“学习小组”“侠客岛”“新华视点”“央视新闻”等微博、微信公众号释放强大正能量，到查处存在恶意篡改党史国史、诋毁英雄人物、制造谣言等问题的自媒体账号，再到对网络直播出现的低俗媚俗、炫富恶搞等乱象重拳出击，更多客观理性的声音向错误观点言论“亮剑”，旗帜鲜明坚持正确政治方向、舆论导向、价值取向……提升至更高层面的互联网治理模式和治理能力，守护着亿万民众共同的精神家园，构建网上网下同心圆，不断把互联网这个最大变量变成事业发展的最大增量。

做好宣传思想文化工作，关键在人。越是重要的工作、艰巨的任务，越是需要一支政治过硬、本领高强、求实创新、能打胜仗的队伍去完成，让宣传思想文化工作发挥“唤起工农千百万，同心干”的力量，促进全体人民在理想信念、价值理念、道德观念上紧紧团结在一起。

机构改革的新成效，释放宣传思想文化工作新能量——

深化党和国家机构改革，有力加强了党对宣传思想文化工作的全面领导。由中宣部统一管理新闻出版和电影工作，组建文化和旅游部，组建国家广播电视总局，组建中央广播电视总台，是推进宣传思想文化领域治理体系和治理能力现代化的重大举措。由“物理变化”带来的“化学反应”，必将更好促进宣传思想文化事业繁荣发展、满足人民美好生活需要。

队伍建设的新进展，带来宣传思想文化工作新气象——

“坚决纠正‘四风’特别是形式主义、官僚主义”“不断增强脚力、眼力、脑力、笔力”，宣传思想文化战线牢记习近平总书记的谆谆教诲，扑下身子大兴调查研究之风，查找“短板”列出“问题清单”，用新理念认识把握实情，用新思路探索好招实招，让宣传思想文化事业焕发更强的生机和活力。

展现真实立体全面的中国形象

“展形象，就是要推进国际传播能力建设，讲好中国故事、传播好中国声音，向世界展现真实、立体、全面的中国”，在全国宣传思想工作会议上，习近平总书记提出了“展形象”的重要使命任务，为新形势下做好对外宣传工作、提高国家文化软实力指明了方法路径，提供了根本遵循。

2018年11月5日，俯瞰宛如一枚“四叶草”的上海国家会展中心，全球第一个以进口为主题的国家级展会——首届中国国际进口博览会揭开面纱。忙碌在新闻中心的数百名中外记者，第一时间将中国声音传向全球。

一年多来，博鳌亚洲论坛2018年年会、上合组织青岛峰会、中非合作论坛北京峰会……一场场重大主场外交，热情邀请外国记者前来采访报道，向世界敞开自家“客厅”。新闻中心展台上摆放的《习近平谈治国理政》等书籍，备受各国记者欢迎。有记者说：“这些都是中国经验，我要把它们带回家”。

中国声音，世界聆听——

自出版以来，《习近平谈治国理政》第二卷全球热销，一场场读者会在海外陆续举行，为各国读者读懂中国的发展成就、发展动因、发展前景打开一扇“思想之窗”。

在充斥噪音杂音的国际舆论场上，必须敢发声、多发声、巧发声。

面对美国单方面挑起的经贸摩擦，政府白皮书、“钟轩理”系列评论文章，从中国对世界的贡献、经济全球化趋势、中美贸易战实质等层面进行鞭辟入里的分析，展现“泾渭由来两清浊”的自信坦荡、“不畏浮云遮望眼”的视野胸襟。

中国故事，动人心扉——

一个故事胜过一打道理。新时代的中国是一片活力洋溢的热土，13亿多中国人民在新时代的拼搏努力是讲述中国故事的生动素材。一年多来，宣传思想文化战线积极创新宣传理念、话语体系、运行机制，提高专业化精准化水平，把“我们想讲的”变成“受众想听的”，让世界在中国共产党治国理政的故事、中国人民奋斗圆梦的故事、中国坚持和平发展合作共赢的故事中更好地了解中国。

中国形象，真实立体——

一年多来，配合国家领导人国事访问，丰富多彩的人文交流活动在一个个到访国家举行。图片展、中国电影周、“拥抱中国”艺术节专场演出……这些活动犹如一场场文化的盛宴，滋养国与国之间的美好情谊。同步开展的智库交流、媒体论坛等，让中国形象更加真实、立体、全面。

昆曲、京剧等洋溢“中国风”的演出不断亮相国际舞台，优秀国产电视剧在多国引发“追剧”潮，网络小说在海外受到热捧……世界的画布上呈现出一个古老又现代的中国应有的模样。持续投入的国际传播能力建设，努力以更强的传播力、更大的影响力，彰显中华文化的强大魅力、展示新时代中国人的精气神。

知常明变者赢，守正创新者进。

新形势下的宣传思想文化工作，为时代画卷铺就人心底色，为民族复兴熔铸精神支撑，为大国发展营造良好国际舆论环境。

满怀光荣与梦想，肩负使命和责任，新起点上的宣传思想文化战线意气风发、矢志前行。

（新华社北京 2019 年 1 月 5 日电　记者黄小希）

人民至上的生动实践
——共和国民生发展成就巡礼

民惟邦本，本固邦宁。

70 年来，中国人民生活发生了翻天覆地的变化。衣着从穿得暖和到穿出品位，饮食从吃饱肚子到吃出健康，居住从瓦片遮头到住得安心，出行从徒步跋涉到日行千里……一个个看得见、摸得着的改变，不断增强人民获得感、幸福感、安全感。

看得见——获得感持续提升

“边踩踏板，边移动针头下面的布料，很快就能做出一件衣服。以前的衣服都是这样做出来的。”在广西民族博物馆的百年老物件展厅里，年逾 60 的李秀梅指着缝纫机等展品，给小外孙讲起过去的故事。

那个物资匮乏的年代，粮食、布匹、肉类等都是凭票供应。老式自行车、手表、缝纫机，再加上收音机，是 20 世纪六七十年代流行的“三转一响”，拥有这些物品曾是人们的梦想。

党的十一届三中全会作出以经济建设为中心、实行改革开放的历史性决策，开启了天翻地覆的伟大变革。中国人民的生活告别了“票证时代”、走过了“温饱阶段”、迎来了“全面小康”。

食品消费从匮乏到富足——

2018年，城镇居民人均猪肉消费量和蛋类消费量比1956年增长2.9倍、2.2倍；人均奶类消费量比1985年增长6.5倍。农村居民人均猪肉消费量和蛋类消费量分别比1954年增长5.2倍、9.5倍；人均奶类消费量比1983年增长8.9倍。

衣着从穿暖到穿美——

服装的品牌化、时尚化和个性化成为人们的共同追求，衣着消费支出大幅增长。2018年城镇居民人均衣着消费比1956年增长53.6倍；农村居民人均衣着消费比1954年增长82倍。

耐用消费品升级换代——

新中国成立初期，城乡居民家庭拥有的耐用消费品非常有限。如今，不仅彩色电视机、冰箱在城乡居民家庭普及，移动电话、计算机、汽车也走向寻常百姓家。2018年，城镇居民平均每百户拥有移动电话243.1部、计算机73.1台、汽车41辆；农村居民平均每百户拥有移动电话257部、计算机26.9台、汽车22.3辆。

贫困人口大幅减少——

新中国成立前，国家积贫积弱，人民贫困如洗。20世纪50至70年代，城乡居民生活有所改善，但农村贫困问题始终突出。改革开放以来，特别是党的十八大以来，扶贫力度进一步加大，精准脱贫政策陆续出台。2018年末我国农村贫困人口减少至1660万人，农村贫困发生率下降至1.7%。我国农村从普遍贫困走向整体消灭绝对贫困，成为首个实现联合国减贫目标的发展中国家。

摸得着——幸福感不断增强

对于生活在20世纪五六十年代的人来说，看场露天电影都算奢侈。

“晒谷场高处的两棵树，挂起白底黑边的幕布，音乐响起，场上的孩子们抱着板凳围在放映机周围，等待那一束光从放映机里射出。”回忆起50多年前看露天电影时的场景，家住合肥市的张林老人至今难忘。

新中国成立初期，我国文化事业发展落后，影院等严重不足。改革开放以来，坚持中国特色社会主义文化发展道路，覆盖城乡的公共文化体系逐步建立，文化事业实现快速发展。2018 年末，电视节目综合人口覆盖率达到 99.3%；全年电影总票房超 600 亿元，比 1991 年增长超 25 倍。

看场电影之外，去外面的世界看看也成了现代人的生活“标配”。

“这里很美，有雪山草地，悠悠白云，感觉自己融入大自然中了。”今年暑期，来自福建的蔡洪霞一家到青海旅游，把茶卡盐湖作为此行第一站。

入夏以来，茶卡盐湖进入旅游旺季，日均游客接待量超 4 万人次。

旅游业又被称为“幸福产业”，是生活从温饱到日渐富足，消费升级的重要表现。如今，生态游、红色游、亲子游等日趋火爆，人们的精神生活日益充实。

据文化和旅游部数据显示，2018 年我国人均出游已达 4 次，国内旅游人数超 55 亿人次，是 1994 年的 11 倍；国内旅游收入超 5 万亿元，是 1994 年的 50 倍。

中国旅游研究院院长戴斌说，旅游已成为中国人的“幸福必需品”。今天，出行更加便利，让“说走就走的旅行”不再遥远；环境更加优美，让“处处是风景”成为现实。

2018 年末，全国公路总里程达到 485 万公里，是 1949 年的 60 倍。铁路路网纵横延伸，“八纵八横”高铁网建成运营。航线网络覆盖率大幅提高，航空运输保障能力显著增强。

空气质量逐年提高。2018 年，全国 338 个地级及以上城市平均优良天数比例比 2015 年提高 2.6 个百分点，重污染及以上天数比例比 2015 年降低 1 个百分点，空气质量达标城市占比较 2015 年提高 14.2 个百分点。

靠得住——安全感逐步筑牢

在拉萨市城关区纳金乡加荣社区加央旺久家，小院里一片欢声笑语。旦增曲珍和她的两个姐姐正围坐在一起，一边择菜，一边说笑。已是八旬老人的加央旺久和老伴儿坐在一旁微笑地看着女儿们。

“旧社会，有钱人的孩子才能上学。现在，我们家有好几个大学生了！”加央旺久自豪地说，他的5个孩子都受过不同程度的教育，在孙子辈中，已经有4个大学生。

新中国成立初期，我国教育水平低下，学龄儿童入学率只有20%左右，80%以上的人口是文盲。经过70年不懈奋斗，到了2018年，九年义务教育巩固率达94.2%，高等教育毛入学率达48.1%。

社会保障不断加强。新中国成立初期，我国社会保障尚属空白。2018年末，我国基本养老保险覆盖超过9亿人，医疗保险覆盖超过13亿人，基本实现全民医保。

医疗卫生服务长足进步。2018年末，全国共有医疗卫生机构99.7万个，医疗卫生机构床位840万张，覆盖城乡居民的卫生服务体系日益完善。城乡居民人均预期寿命从新中国成立初期的35岁提高到2018年的77岁。

党的十八大以来，一系列政策措施的出台，推动实现幼有所育、学有所教、劳有所得、病有所医、老有所养、住有所居、弱有所扶的目标取得长足进展。

近期，中办、国办印发《关于加强和改进乡村治理的指导意见》，加强对贫困人口、低保对象等人群的关爱服务；不久前出台的《关于推进养老服务发展的意见》，推出了28条具体政策举措，推动养老事业发展健全；《关于进一步健全农村留守儿童和困境儿童关爱服务体系的意见》，明确加强基层儿童工作队伍建设……政策接地气、顺民心。

“治国有常，而利民为本。” 在中国共产党治国理政的价值坐标中，始终不变的是以人民为中心的发展思想，不断延展的是为人民创造美好生活的奋进足迹。

（新华社北京2019年9月1日电　新华社记者齐中熙、魏玉坤）

从大国之治迈向强国之治

——新中国70年社会治理现代化巡礼

2019年5月15日下午5时30分，湖北省荆州市沙市区的崇文街派出所送走最后一名办事群众，老办公楼“落锁”。

5月16日上午8时30分，派出所新址办公楼正式启用。这个与新中国同龄、见证古城70年变化的派出所乔迁，让从警30多年的社区民警黄开亮充满信心，“新环境，新起点，我们为群众办事更要有新作为”。

70年，中国人民走过了波澜壮阔、惊天动地的豪迈历程。从一穷二白迈向全面小康，从百废待兴迈向文明富强，中国社会发生了沧海桑田、万象更新的巨大变迁。

70年筚路蓝缕，70年栉风沐雨。新中国持续推进社会领域变革、坚定走向社会治理现代化，呈现出经济持续健康发展、社会大局稳定的良好局面。中国成为世界上最有安全感的国家之一。

奋进新时代，逐梦新征程。在以习近平同志为核心的党中央坚强领导下，社会和谐、乡村和美、百姓和顺的美好愿景正成为现实，中国特色社会主义社会治理现代化的道路越走越宽广。

沧桑巨变——社会治理实现历史性飞跃与变革

回溯70年历程，总有一些生动注脚，激荡历史、印证今昔。

中国警察博物馆里，一台20世纪50年代的八角形旋转人口卡片柜引人注目：重约50公斤，8个箱口被一根铜轴贯穿，5万张人口信息卡片按姓氏分门别类存放。

新中国成立初期，年满18周岁的城市常住人口根据规定应建立人口卡片。而70年后的今天，一个全国统一的人口信息库已加载了10多亿人口的户籍资料信息。

——2019年9月6日凌晨，福建省漳州市人民医院产房。

一位新生儿的父亲正沉浸在初为人父的喜悦中，他迫不及待地打开“闽政通”APP，拍照上传他和爱人的身份证等资料，孩子的出生登记和户口申报随即完成。

从手工记录存放到现代化信息系统存储，从窗口排队到APP办理，标注着一个国家走向社会治理现代化的步步足迹，见证着时代变迁中百姓获得感的持续增强。

70年来，经济体制深刻变革、社会结构深刻变动、利益格局深刻调整、思想观念深刻变化，我国不断推进社会管理、社会治理创新，实现巨大飞跃。

新中国成立，开辟中国社会治理新纪元——

1949年10月1日，中华人民共和国成立，为当代中国一切发展进步奠定了根本政治前提和制度基础。大力革除旧社会弊端，加快建立新社会秩序，以强大管控能力、组织能力和动员能力，成功地应对了各种困难与考验。

新中国成立初期，为巩固新生的人民政权，通过最大限度把全社会组织整合起来，形成最广泛的社会共同体，凝聚起建设新中国的磅礴伟力，改变了国家一穷二白的落后面貌。

1954年颁布《中华人民共和国宪法》；在此前后，国家出台婚姻法、土地改革法等一系列法律法规，建立了城乡基层社会运行的组织系统与制度基础。

改革开放，中国社会治理站到崭新起点——

1978年党的十一届三中全会，我国进入改革开放新的历史时期，社会治理现代化步入发展新阶段。

改革开放以来，不断解放和发展社会生产力、改善人民生活和促进社会全面进步，重视发挥市场和政府“两只手”的作用，社会运行进入活而有序的状态。

各级政府注重履行“社会管理”“公共服务”职能，突破城市“单位制”“街居制”的约束，有力推动和引导社会流动，特别是人口在城乡之间、农村之间、城市之间以及企业之间流动。

党的十八大以来，社会治理进入加快发展的新时期——

以习近平同志为核心的党中央大力推进社会治理领域改革创新，我国社会治理现代化取得历史性成就。

习近平总书记深刻指出：“治理和管理一字之差，体现的是系统治理、依法治理、源头治理、综合施策。”

这是中国社会治理的理念之变——70年，逐步从社会管控、社会管理向社会治理转变。

从管理到治理这一字之差，成为党和国家社会治理理念深刻革命的生动写照，标志着我们党对社会主义社会治理规律的认识实现了新飞跃。

“这是从传统的社会管控、社会管理理念和思维向以人民为中心的现代社会治理创新思想的重大飞跃，为推进社会治理体系和治理能力现代化提供了理念引领。”北京师范大学中国社会管理研究院院长魏礼群说。

思想是行动的先导。社会治理理念的创新正转化为社会治理实践的优势，转化为人民群众的思想自觉与行动自觉。

作为一个近14亿人口、幅员辽阔的发展中大国，这个成绩来之不易：我国每10万人中发生命案数处于世界最低水平；人民群众对社会治安满意度达到95%以上。“平安中国”成为一张亮丽的国家名片。

党的十八大以来，强调社会治理既不能管得太死，也不能管得太松，必须刚柔并济、宽严适度，有力地推动社会迸发活力又和谐有序运行。

这是中国发展的社会面貌之变——70年，逐步从一穷二白向全面小康转变。

“那时候海南保亭地区的交通很落后，路上没有什么机动车，也没有红绿灯，车随便开，也不需要交警在路面指挥交通。”今年84岁的王大修，50多年前在当地交通部门工作，对当时的情况记忆犹新。

王大修描述的这段历史，在现任保亭黎族苗族自治县公安局交通管理大队副大队长曾繁江看来颇感陌生。曾繁江说：“现在，面对越来越复杂的路面交通情况，我们借助科技手段可以实现执勤执法、事故处理等实时动态监督。”

经济社会发展今非昔比。通过改善民生与创新社会治理，不断满足人民日益增长的美好生活需要，不断促进社会公平正义，形成良好社会秩序，使群众获得感、幸福感、安全感更加充实、更有保障、更可持续。

70年，中国创造了从贫困到温饱，再到总体小康和全面小康的人间奇迹。改革开放以来，全国居民人均可支配收入由171元增加到2.82万元；贫困人口从1978年的7.7亿减少到2018年的1660万。九年义务教育巩固率达94.2%。建成了包括养老、医疗、低保在内的世界最大的社会保障体系，基本养老保险覆盖超过9亿人，医疗保险覆盖超过13亿人。居民人均预期寿命提高到2018年的77岁。

社会治理变革，是新中国发展历史变革的缩影。新中国成立70年来，成为世界上最安全的国家之一，社会稳定功不可没。

全面贯彻总体国家安全观，坚决捍卫中国共产党领导和我国社会主义制度；依法严惩涉黑涉恶、涉枪涉爆、盗抢骗、黄赌毒、食药环等领域突出违法犯罪，切实增强人民群众安全感；有效应对各类社会矛盾风险，统筹做好矛盾风险排查预警、防范化解、应对处置工作。

纵观新中国70年社会治理变革历程，这是中国共产党带领全国人民坚定不移探索、开拓和推进社会主义社会治理现代化的过程。

在这艰苦卓绝的征程上，既有高歌猛进，也有曲折徘徊，更有飞跃变革，探索走出了一条中国特色社会主义社会治理之路。

坚定不移——走中国特色社会主义社会治理之路

浙江省诸暨市枫桥镇，每晚7点，一支由群众组成的巡逻队伍，身着统一服装，在派出所民警带领下，活跃在枫桥镇大街小巷。所到之处，人们倍感安心。

他们有一个响亮的名字——“红枫义警”。“红”代表党建引领；“枫”代表“枫桥经验”。

1963年，枫桥干部群众创造了“在党的领导下，发动和依靠群众，坚持矛盾不上交，就地解决，实现捕人少、治安好”的经验。如今，党建引领成为新时代“枫桥经验”的灵魂，基层群众、社会力量广泛参与社会治理，成为鲜明特征。

56年慷慨激昂，“枫桥经验”从枫桥镇发端，在全国开枝散叶、硕果累累，成为社会治理的典范。

中国社会治理点多、面广、难度大。一个近14亿人口的大国，治理没有现成经验可循。

历史，总在变革中迸发前进的力量。中国共产党人奋进求索，走出了一条中国特色社会主义社会治理之路。

党的十八届三中全会提出“加快形成科学有效的社会治理体制”；党的十九大报告写明“打造共建共治共享的社会治理格局”，勾勒出社会治理的和美景象，绘制出新时代的和谐画卷。

从计划经济到市场经济，从“单位人”到“社会人”，从传统的“熟人社会”到当下的“陌生人社会”，在中国社会的历史转型大潮中，治理好这样一个人口大国绝非易事。

一本本从新中国成立初期到20世纪90年代的户口簿，静静地摆放在云南警察陈列室的玻璃展柜里。卷曲的边角、泛黄的纸页，仿佛在诉说着岁月的变迁……

“户口登记从城乡二元分化到一元协同发展，户口迁移从‘农转非’的计划指标到逐步放宽城镇落户门槛，无户口人员从祈盼政策松动到常态化登记解决，户籍制度的持续改革，是中国社会治理演变的鲜活注脚。”云南省公安厅治安管理总队总队长徐志勇说。

中国正在从传统社会向现代社会转变。

70年，中国农业人口比重减少五成。党的十八大以来，伴随户籍、土地、财政、教育、就业、医保和住房等一系列改革的深化，农业转移人口市民化速度明显加快。

“中国社会已从农民占人口绝大多数的农业社会、乡村社会，逐步向工业社会和现代社会转变，城市化水平大幅提升；由封闭半封闭型社会向开放型社会转变。”魏礼群说，“整个社会日益呈现多元化、复杂化、现代化的特征。”

社会治理从国家一元管理向多元社会主体共建共治共享转变，这是大势所趋。

在现代社会治理中，政府是社会治理的主导力量，但已不是社会治理的唯一主体，企事业单位、社会组织、城乡社区居民组织、社会公众等都成为参与社会治理的重要力量。

基础不牢，地动山摇。推动社会治理重心向基层下移、把基层党组织建设成为领导基层治理的坚强战斗堡垒，是党的十九大提出的重要任务。

坚持党建引领、巩固党的执政基础，是贯穿社会治理的一条红线——

“8年的违建，现在终于拆掉了。”北京市丰台区马连道欣园东路的居民范大妈指着路北侧的空地，连说“没想到”。

一座长期租住近300人、安全隐患突出的“公寓楼”拆不动，因为它刚好“骑”在两区交界线上，拆除工作要协调两区的多个部门，难度大。北京开展“街乡吹哨、部门报到”改革，街道吹响“跨区联合哨”，两区执法部门相继“报到”，多年顽疾被合力解决。

群众的诉求就是“哨声”。拆除违建、解决交通拥堵、清理“僵尸车”……“吹哨报到”重点是形成条块合力，抓住党组织领导基层治理这条主线，逐步把公众、社会力量和党委政府的关系从“站着看”变为“跟着干”。

“街乡吹哨、部门报到”是以党建为引领破解基层治理难题的范例，其实质是城市基层从传统管理向现代治理转变的系统性革命。

20世纪50年代初，“居委会党建”应运而生；80年代中期，“社区”逐步形成，进入“街道社区党建”阶段；党的十八大以来，开启“城市基层党建”创新发展阶段，以街道社区党组织为核心，有机联结辖区单位、行业及各领域党组织。

从街道社区党建到城市基层党建，这是对党建规律认识的进一步深化，是主动适应城市改革发展和城市基层治理的关键之举。

时代虽然在变，以人民为中心的赤诚不变。习近平总书记的话掷地有声——“人民群众什么方面感觉不幸福、不快乐、不满意，我们就在哪方面下功夫。”

深圳市建设上千个标准化党群服务中心打通基层治理“最后一公里”，大连市西岗区组织发动离退休党员组建300多支服务队伍入户走访掌握社情，南京市栖霞区仙林街道推进党组织延伸到网格……

以着力提升“政治领导力、组织覆盖力、群众凝聚力、社会号召力、发展推动力、自我革新力”为目标，将党的领导贯穿于基层社会治理各方面全过程。

构筑共建共治共享的社会治理新格局，加快形成科学有效的社会治理体制——

建立完善富有活力和效率的新型基层社会治理体系。浙江续写好“枫桥经验”新时代篇章；黑龙江大庆市坚持发展新时代“枫桥经验”以人民调解提升基层治理能力；河南南阳市创新发展“枫桥经验”促进民族团结……推动自治、法治、德治“三治融合”。

加快社会治安防控体系建设，提高对动态环境下社会治安的控制力。全国已建成各级综治中心64.9万个，其中省级综治中心28个，市、县、乡、村等四级综治中心建成率分别达到了89.6%、94.6%、97.6%、93.7%。

人、地、物、事、组织等要素和服务纳入网格，感知社会最细微的变化。全国村（社区）共划分网格257.3万多个，有网格员429.8万人，北京等25个省区市实现网格化服务管理全覆盖，发现、分析、解决、核实反馈问题，更加快捷准确。

加大社区服务体系建设力度。全国城市社区综合服务设施覆盖率达到78.2%，农村社区综合服务设施覆盖率达到43.7%，社区对居民群众的服务能力进一步增强。

夯实多层次社会保障体系，救助困难群众。建立健全以最低生活保障、特困人员救助供养、受灾人员救助、医疗救助、教育救助、住房救助、就业救助、临时救助为主体，社会力量参与为补充的社会救助体系。

构建统一指挥、权责一致、权威高效的国家应急体系。2018年4月16日，新组建的应急管理部挂牌，把13项与应急响应有关的职能进行整合和优化，中国特色应急管理体制建设提升到新高度。

……

共同参与社会建设、共同参与治理活动、共同分享治理成果。

坚定不移走中国特色社会主义社会治理之路，推进社会治理现代化，是一场深刻的社会变革，也是一项长期的历史任务。

只有始终坚持以人民为中心的发展思想，不断加强和创新社会治理，完善中国特色社会主义社会治理体系，努力建设更高水平的平安中国，才能进一步增强人民群众获得感、幸福感、安全感。

站在新的历史起点——创新社会治理推进国家治理体系和治理能力现代化

“一些剩下的食物是湿垃圾，装在袋子里。扔的时候，湿垃圾倒进湿垃圾桶，袋子要扔进干垃圾桶。”上海市普陀区开开大楼小区的垃圾分类投放点，今年暑假迎来了20多名“小小志愿者”值守，家住该小区的小志愿者张天喻对垃圾如何投放很熟悉。

《上海市生活垃圾管理条例》作为一部地方性法规，2019 年 7 月 1 日正式施行，垃圾分类投放正在改变居民以往“一包丢”的习惯。

上海，这座特大城市正以法治化、精细化、科学化的方式培养居民垃圾源头分类的习惯。“针对特大城市管理需要，制定生活垃圾管理、食品安全、道路交通管理等法规，推动城市管理精细化和社会治理创新。”上海市人大常委会主任殷一璀说。

社会治理现代化，必然是治理方式的现代化，从单纯行政手段向综合运用各种方式方法转变。

魏礼群说：“改革开放前，国家主要通过行政措施实现社会的整合发展。改革开放后，逐步重视综合运用经济、法治、科技和必要的行政等多种手段，加强和创新社会治理，不断推进源头治理、系统治理、依法治理、民主治理、综合治理。”

一网联通世界。当今，社会治理正在步入“智治”阶段——

习近平总书记指出，要强化互联网思维，利用互联网扁平化、交互式、快捷性优势，推进政府决策科学化、社会治理精准化、公共服务高效化，用信息化手段更好感知社会态势、畅通沟通渠道、辅助决策施政。

每天清晨，四川省泸州市公安局龙马潭区分局红星派出所民警郭奔上班后的第一件事，便是打开电脑，对大驿坝社区的 23 个居民小区进行一次“鼠标巡逻”。

几十年前骑车巡逻，现在依托智能化、大数据平台实现随时调取图像、掌握现场情况。社区警务室接入了泸州市“智慧云护城墙”系统，成为泸州市治安防控体系的智慧“防火墙”。

“每半个小时，警务室值班民警就会对重点区域开展一次‘鼠标巡逻’，一旦发现异常情况，立刻通报处理。”郭奔说。

图巡发现大量人员聚集，报告派出所赶赴现场查明原因，将纠纷双方负责人带离现场，及时有效处置；系统从发现目标、人像盲比，到抓获嫌疑人，仅用不到半个小时；电动车被盗，从接警、视频侦查，到抓获嫌疑人仅用3个小时……高科技助力社会治理，令人由衷感叹。

网络时代，社会治理方式正在从单向管理转向双向互动，从线下转向线上线下融合，从单纯的政府监管向更加注重社会协同治理转变。

在上海，用“绣花”精神交出一份特大城市精细化管理答卷——积极布局城市管理“神经元系统”，升级建设“城市大脑”，已建成1个市数字化城市管理中心、16个区网格化综合管理中心、214个街镇网格化管理中心、5902个居村工作站，实现城市管理公共空间全覆盖；

在湖北，“智慧警务”建设，带动形成互联、互通的公安信息网，信息技术手段破案数占比持续达到80%以上；

在贵州，建设省、市、县、乡、村五级政务服务“一张网”，“一网通办”全省事，政务服务网上可查询和办理事项达58.8万项；

在安徽合肥，企业办事“不求人”“少跑腿”、居民生活“一键通”、堵车与上学等民生痛点逐步解决，人工智能让老百姓享受到越来越多“数字便利”；

……

作为数字中国建设重头戏，我国公共安全、社会治理加快进入云时代。以信息化建设为支撑，对城市监测预警、应急指挥、智能决策、事件管理、协同联动等实现综合服务，让社会治理驶上“高速公路”，正在全国落地见效。

为避免“神经末梢”问题上升到“中枢神经”层面解决，在以最广大人民根本利益为坐标，从人民群众最关心最直接最现实的利益问题入手，打通“微循环”方面，基层不断创新实践。

——社会组织是基层社会治理中最活跃的因子。我国社区社会组织约40万个，其中街道社区管理32.7万个，成为城乡社区治理的“减压剂”、完善社区服务体系的“填充剂”。社区居委会、社会工作者、社会组织“三社联动”，为社区提供服务、化解矛盾。

——全国共有人民调解委员会75万多个，人民调解员300多万人。去年调解各类矛盾纠纷953.2万件。到2022年，将基本形成以人民调解为基础，人民调解、行政调解、行业性专业性调解、司法调解优势互补、有机衔接、协调联动的大调解工作格局。

——志愿服务是社会文明进步的重要标志。全国志愿服务信息系统注册志愿者超过1亿人，记录志愿服务时间超过12亿小时。

互联网不是法外之地，虚拟空间不是虚假空间。

提升网络空间综合治理能力，建立网络综合治理体系，营造出清朗的网络空间——

党的十八届三中全会提出，加大依法管理网络力度，加快完善互联网管理领导体制。

制定网络安全法等法律法规，为依法治网、办网、用网提供基本依据；从打击网络电信诈骗到开展“净网”“剑网”“清源”“护苗”等系列专项治理行动，惩治网络犯罪决不手软；针对侵犯公民个人信息的违法行为，多部门协作配合，形成治理合力，有力筑牢公民个人信息防护墙……从源头治理抓起，解决突出问题，网络空间日益清朗。

联合整治炒作明星绯闻隐私和娱乐八卦、约谈自媒体平台、将违规网络主播纳入跨平台黑名单；网络社会组织“同心圆”工程在各地深入开展，有力推动互联网行业自律……依法管网治网进一步加强，网络生态日趋好转。

从自治、法治、德治相结合，到人人参与、人人尽力、人人享有，“共建共治共享”的社会治理格局正将国家治理体系和治理能力现代化推向新境界——

从“小脚侦缉队”到安保志愿者“朝阳群众”，从“刷墙贴通知”到“互联网＋社区治理”，更多新鲜血液注入协管共管队伍，从城市到乡村，从现实世界到虚拟空间，“平安中国”打通“最后一公里”。

从“一处失信、处处受限”的联合惩戒大格局逐步形成，到“好家风建设”“美德在农家”活动在各地兴起，再到“最美妈妈”“最美逆行者”“最美孝心少年”获千万网民点赞，向上向善的力量是对社会主义核心价值观的生动演绎。

累计制发超过18亿张二代身份证，其中异地办理1000多万张；实施《居住证暂行条例》，彻底告别“暂住证”时代；“最多跑一次”“马上办”“网上办”，公平高效的政务服务让群众成为最大受益者。

全国法院累计发布失信被执行人名单1200多万例，300多万“老赖”迫于信用惩戒压力履行义务。

重点推进市域社会治理现代化——作为切入点和突破口，打造基层治理现代化的“前线指挥部”，使市域成为风险隐患解决在萌芽、基层的最直接、最有效的层级。

加强和改进乡村治理——到2020年，乡村治理体系进一步完善；到2035年，党组织领导的自治、法治、德治相结合的乡村治理体系更加完善，乡村治理体系和治理能力基本实现现代化。

加快推进公共法律服务体系建设——到2022年，基本形成覆盖城乡、便捷高效、均等普惠的现代公共法律服务体系；到2035年，基本形成与法治国家、法治政府、法治社会基本建成目标相适应的公共法律服务体系。

一串串数据、一项项成果，印证70年来社会治理的发展进步。

“社会治理是一门科学。”处理好治理与民生的关系，从源头减少社会矛盾；处理好活力与秩序的关系，实现社会有序运行与活力迸发相统一、相协调；处理好法治与德治的关系，强化法治保障、弘扬社会正气。

70年，民生加快改善，社会治理不断完善，“以人民为中心”的理念闪耀在中国共产党的时代答卷上。

从2020年到2035年，现代社会治理格局将基本形成，社会充满活力又和谐有序。

未来可期，一个更加稳定、平安、和谐的中国正在向我们走来……

（新华社北京2019年9月20日电　新华社记者杨维汉、刘奕湛、熊丰、梁建强、王研、刘邓、吴光于）

开创生态文明新局面

——党的十八大以来以习近平同志为核心的党中央引领生态文明建设纪实

一幅青山绿水、江山如画的生态文明建设美好图景，正在神州大地铺展。

一场关乎亿万人民福祉、中华民族永续发展的绿色变革，已经开启征程。

党的十八大以来，以习近平同志为核心的党中央，深刻总结人类文明发展规律，将生态文明建设纳入中国特色社会主义“五位一体”总体布局和“四个全面”战略布局，推动中国绿色发展道路越走越宽广，引领中华民族在实现伟大复兴征程上阔步前行。

这是对人类文明发展规律的深邃思考——生态兴则文明兴，生态衰则文明衰，保护生态环境就是保护生产力、改善生态环境就是发展生产力

2017 年 6 月的三晋大地，绿意更浓。中共中央总书记习近平在山西考察调研时强调：“要广泛开展国土绿化行动，每人植几棵，每年植几片，年年岁岁，日积月累，祖国大地绿色就会不断多起来，山川面貌就会不断美起来，人民生活质量就会不断高起来。”

在稍早前的 2017 年 4 月，习近平总书记在广西南宁考察河道整治工作时指出，顺应自然、追求天人合一，是中华民族自古以来的理念，也是今天现代化建设的重要遵循。

拥有天蓝、地绿、水净的美好家园，是每个中国人的梦想，是中华民族伟大复兴中国梦的重要组成部分。党的十八大以来，从城市到乡村，从大漠戈壁到江南水乡，习近平总书记每赴各地考察调研，几乎都有对生态文明建设的深邃思考和明确要求。

“我们在生态环境方面欠账太多了，如果不从现在起就把这项工作紧紧抓起来，将来会付出更大的代价。”2012 年 12 月，习近平担任总书记后首赴外地考察时就谆谆告诫。

历经 30 多年快速发展，中国在经济社会发展取得巨大进步的同时，粗放的发展方式已经难以为继。2012 年，中国经济总量约占全球 11.5%，却消耗了全球 21.3% 的能源、45% 的钢、43% 的铜、54% 的水泥，排放的二氧化硫、氮氧化物总量居世界第一。

“如果仍是粗放发展，即使实现了国内生产总值翻一番的目标，那污染又会是一种什么情况？届时资源环境恐怕完全承载不了。”2013 年 4 月 25 日，习近平总书记在中央政治局常委会会议上说，“经济上去了，老百姓的幸福感大打折扣，甚至强烈的不满情绪上来了，那是什么形势？”

在实现“两个一百年”奋斗目标的伟大征途中，中华民族如何永续发展？中华文明能否再铸辉煌？站在这样的高度，习近平总书记指出，走向生态文明新时代，建设美丽中国，是实现中华民族伟大复兴中国梦的重要内容。

在经济社会发展转型的关键时期，中国共产党顺应时代发展作出生态文明建设的战略决策——在习近平主持起草的党的十八大报告中，生态文明建设成为治国理政的重要内容，纳入中国特色社会主义事业“五位一体”总体布局，并首次把“美丽中国”作为生态文明建设的宏伟目标。

党的十八大通过的《中国共产党章程（修正案）》，把“中国共产党领导人民建设社会主义生态文明”写入党章。生态文明建设纳入一个政党特别是执政党的行动纲领，中国共产党在全世界是第一个。

人与自然的辩证关系是人类发展的永恒主题。进入后工业化时代，全球将向何处去？这是人类需要回答的问题。以生态文明为指引，实现人与自然和谐共存，彰显了中国共产党人对人类文明发展规律的深刻认识。

2013 年 5 月，习近平总书记在主持中央政治局第 6 次集体学习时指出，要正确处理好经济发展同生态环境保护的关系，牢固树立保护生态环境就是保护生产力、改善生态环境就是发展生产力的理念。

这个重要论断，进一步深化了人与自然和谐发展的理论。

4 年后，2017 年 5 月，习近平总书记在主持中央政治局第 41 次集体学习时又强调，人与自然是一种共生关系，对自然的伤害最终会伤及人类自身。

习近平总书记指出，生态文明建设是党的十八大明确提出的“五位一体”建设的重要一项，不仅秉承了天人合一、顺应自然的中华优秀传统文化理念，也是国家现代化建设的需要。

站在大历史、大文明层面，对生态与文明关系进行的鲜明阐释，彰显了以习近平同志为核心的党中央对人类文明发展规律、自然规律、经济社会发展规律的最新认识，确立了环境在生产力构成中的基础地位，丰富和发展了马克思主义生产力思想。

“绿水青山就是金山银山”这一科学论断，正是树立生态文明观、引领中国走向绿色发展之路的理论之基。

浙江省安吉县余村干部群众仍清晰记得，早在 2005 年，时任浙江省委书记的习近平在余村考察时，得知村里关闭矿区、走绿色发展之路的做法后高度评价说：“下决心关停矿山是高明之举。”

浙江七山一水两分田。在那次考察中，习近平首次提出“绿水青山就是金山银山”，强调不以环境为代价去推动经济增长。

8 年后，2013 年 9 月，习近平总书记在哈萨克斯坦纳扎尔巴耶夫大学回答学生提问时，进一步作出清晰全面阐述：“我们既要绿水青山，也要金山银山。宁要绿水青山，不要金山银山，而且绿水青山就是金山银山。”

这一重要论述深刻阐明了生态环境与生产力之间的关系，是对生产力理论的重大发展，饱含尊重自然、谋求人与自然和谐发展的价值理念和发展理念，引领中国发展迈向新境界。

为此，习近平总书记多次强调：“在生态环境保护上，一定要树立大局观、长远观、整体观，不能因小失大、顾此失彼、寅吃卯粮、急功近利。”

要牢牢把握这样的大局观、长远观、整体观，就必须牢固树立生命共同体意识。

2013 年 11 月，习近平总书记在党的十八届三中全会上作关于《中共中央关于全面深化改革若干重大问题的决定》的说明时专门指出：“我们要认识到，山水林田湖是一个生命共同体，人的命脉在田，田的命脉在水，水的命脉在山，山的命脉在土，土的命脉在树。”

4 年后，习近平总书记对“山水林田湖”作为生命共同体的理念，又有进一步的扩展。在 2017 年 7 月中央全面深化改革领导小组第 37 次会议上，习近平总书记在谈及建立国家公园体制时说道：“坚持山水林田湖草是一个生命共同体”。

我国草原面积有近 4 亿公顷，约占陆地国土面积的 41.7%。虽然只增加了一个“草”字，却把我国最大的陆地生态系统纳入生命共同体中，体现了深刻的大生态观。

生态文明体现了共创和谐地球的整体观，跨越西方传统发展道路的新理念吸引了全球目光。2013 年 2 月，联合国环境规划署第 27 次理事会通过了推广中国生态文明理念的决定草案，这标志着国际社会的认同和支持。

3 年后，联合国环境规划署又发布《绿水青山就是金山银山：中国生态文明战略与行动》报告。中国的生态文明建设理念和经验，正在为全世界可持续发展提供重要借鉴。

这是一场广泛而深刻的变革——用最严格的制度、最有力的举措推动生态文明建设，中国经济社会发展更加绿色更有活力

生态文明建设搞得好不好，领导干部这个“关键少数”很重要。转变长期以来追求“GDP 至上”的政绩观，在习近平总书记看来尤为重要。

2013年5月，习近平总书记在主持中央政治局第6次集体学习时指出，对那些不顾生态环境盲目决策、造成严重后果的人，必须追究其责任，而且应该终身追究。

树立新发展理念、转变政绩观，就要建立健全对各级官员的考核评价机制。2016年12月，中办、国办印发《生态文明建设目标评价考核办法》，确定对各省区市实行年度评价、五年考核机制，以考核结果作为党政领导综合考核评价、干部奖惩任免的重要依据。

2017年7月，中办、国办就甘肃祁连山国家级自然保护区生态环境问题发出通报，“不作为、不担当、不碰硬”，“没有站在政治和全局的高度”，“监管层层失守”，“弄虚作假、包庇纵容”等严厉措辞频现，包括3名副省级干部在内的几十名领导干部被严肃问责，引起社会强烈震动，彰显党中央保护生态环境的坚定意志。

“在生态环境保护问题上，就是要不能越雷池一步，否则就应该受到惩罚。”在中央政治局第6次集体学习时，习近平总书记的话掷地有声。

几年来，一场场环保问责风暴在各地掀起。2015年底，中央环保督察巡视从河北省开始，不到两年已覆盖全国23个省份。2016年，中央环保督察对16个省份的6000余人问责。

一些地方领导干部开始真正意识到生态环境保护“党政同责”“一岗双责”的分量，思想上的“雾霾”一扫而空。不能吃祖宗饭、断子孙路，用破坏性方式搞发展，逐渐成为共识。

没有制度保障，绿色发展理念就是空中楼阁。新的考核评价机制，正是构建生态文明体制改革“四梁八柱”中的一根“大梁”。

——这5年，“绿水青山就是金山银山”“山水林田湖草是一个生命共同体”等理念，全面落实在各项改革和制度建设中。

2015年4月，我国首次以中共中央、国务院名义印发《关于加快推进生态文明建设的意见》，明确生态文明建设的总体要求、目标愿景、重点任务、制度体系。

同年9月，中共中央、国务院出台《生态文明体制改革总体方案》，提出健全自然资源资产产权制度、建立国土空间开发保护制度、建立空间规划体系、完善资源总量管理和全面节约制度、健全资源有偿使用和生态补偿制度、建立健全环境治理体系、健全环境治理和生态保护市场体系、完善生态文明绩效评价考核和责任追究制度等八项制度。

生态文明体制改革国内国外都没有现成经验，生态基础相对较好的福建、贵州、江西三省，先行成为国家生态文明试验区，形成一批可复制可推广的改革经验。

——这5年，中央密集出台生态文明建设一系列文件，谋篇布局推进绿色发展和绿色生活。仅2016年，中央深改组审议通过生态文明建设的相关文件就超过20件。源头严防、过程严管、后果严惩的生态文明制度体系逐渐完善。

生态环保法制建设也不断健全，《大气污染防治行动计划》《水污染防治行动计划》《土壤污染防治行动计划》陆续出台，被称为“史上最严”的新环保法从2015年开始实施，在打击环境违法犯罪方面力度空前。

继18亿亩耕地红线之后，我国对生态保护也划出红线，对具有特殊重要生态功能的区域实施强制性严格保护，给子孙后代留下宝贵的生态资源。目前全国已有12个省份初步划定，总面积约60万平方公里。

——这5年，环境治理、生态修复领域一项项重点工程频频展开，与百姓生活息息相关的污染防治实事紧紧抓在手上，这是以人民为中心的发展思想的深刻体现，是最普惠的民生福祉。

“人民对美好生活的向往，就是我们的奋斗目标。”2012年11月15日，习近平刚刚就任总书记、面对中外记者时，就向世人坦露拳拳之心。

民之所望，政之所向。为了留住更多的蓝天，我国空气污染治理的力度空前加大。压减燃煤、淘汰黄标车、整治排放不达标企业，启动大气污染防治强化督查，实招发力，实效已现。与2013年相比，2016年京津冀地区PM2.5平均浓度下降了33%、长三角区域下降31.3%、珠三角区域下降31.9%。

从中央到地方，一系列重拳出击，抑尘、治源、禁燃、增绿……工作力度前所未有，合力绘就青山绿水、诗意栖居的图景。

——这5年，中国相继参与一系列国际环境治理行动，以负责任的态度和坚定行动，为全球绿色发展作出世所瞩目的中国贡献。

2013年10月，习近平总书记在亚太经合组织工商领导人峰会上演讲时强调：“我们不再简单以国内生产总值增长率论英雄，而是强调以提高经济增长质量和效益为立足点。事实证明，这一政策是负责任的，既是对中国自身负责，也是对世界负责。”

为此，中国确定将于2030年左右使二氧化碳排放达到峰值并争取尽早实现，2030年单位国内生产总值二氧化碳排放比2005年下降60%至65%，非化石能源占一次能源消费比重达到20%左右，森林蓄积量比2005年增加45亿立方米左右。

2015年12月，在气候变化巴黎大会上，《联合国气候变化框架公约》196个缔约方通过《巴黎协定》这一历史性文件，为2020年后全球应对气候变化作出安排。中国不仅是达成协定的重要推动力量，也是坚定的履约国。

“在全球环境日益恶化的当下，我们每一个人都深受其害。许多国家已经奋起迎接挑战，而在这一过程中，中国等国家的领导力至关重要。”联合国环境规划署执行主任埃里克·索尔海姆评论说。

知行合一，方能致远。从理念升华到制度建设、再到实践检验，全国各地都在努力探索一条有别于西方传统工业文明、超越中国传统增长模式的绿色发展道路，生态文明建设正在广泛而深刻地改变着中国经济社会发展面貌。

这是面向未来的美好图景——在生态文明观引领下，绿色发展和绿色生活更加深入人心，推动中华民族在伟大复兴征程中阔步前进

生态文明建设绝不是单纯就环境来解决环境问题，而是在新文明观指导下的经济方式、生活方式、社会发展方式、文化与科技范式等的系统性革命。

浙江省德清县后坞村，有一位经常骑着自行车在山里转悠的黄头发“老外”。这位叫多莉的英国姑娘是当地聘请的“洋河长”。

后坞村毗邻莫干山景区，这几年发展起大量民宿，多莉几年前就在这里租住。随着游客越来越多，村子里原本清澈的小溪出现不少塑料袋、饮料瓶等生活垃圾。

随着生态环保意识日益深入人心，捡垃圾的普通志愿者越来越多。去年当地实行了“河长制”，多莉成了村里的“河长”，和村民、游客一起，尽职尽责地保护着那片青山绿水。

“河长制”是中国生态文明建设的一个新实践。2017 年元旦前夕，习近平总书记在新年贺词中说：“每条河流要有‘河长’了”。如今，全国既有市长、省长担任的“河长”、“总河长”，也遍布多莉这样的“小河长”。未来，将有更多的“小河长”等志愿者，投入到保护河湖、绿色发展的生动实践中。

面向未来，每滴微小的水珠，都将汇聚成绿色生活的大潮——

“超静音、超平稳、超省钱、不限号、不限行，在北京很方便。”购买了新能源汽车的不少北京市民说。

2016 年，我国新能源汽车产销量、保有量全球占比均超过 50%。如今，新能源汽车已成为城市居民出行的“新宠”。杭州城市核心区域已建成电动汽车 2 公里公共充电服务圈。

小康全面不全面，生态环境质量是关键。着眼未来，生态文明建设正为全面建成小康社会、树立更可持续的生活方式提供有力指引。

开展光盘行动、推广节能家电、资源回收、减少一次性餐具……勤俭节约、绿色低碳、文明健康的生活方式和消费观念，将推动全社会形成更绿色、更环保的新风尚。

借助“互联网 +”、人工智能、大数据分析等新技术，符合生态文明理念的新业态层出不穷，在未来将极大地重塑人们的生活方式。

让中华大地天更蓝、山更绿、水更清、环境更优美，人人都是受益者，人人都是践行者。绿色生活，就像沁人心脾的阳光雨露，折射出美好的图景。

面向未来，无论城市还是乡村，无论产业体系还是空间格局，中国都将向着更绿色、更健康的道路前进——

建筑物高度不超过 18 米，绿色食品认证率达 90%，森林覆盖率达 30%、自然湿地保有率达 43%，绿色交通联通全岛……上海市崇明区正在计划到 2020 年打造一个世界级的“生态岛”。

地处长江入海口、世界最大河口冲积岛的崇明区，虽然生态位置重要，但一度是上海经济发展的“短板”。如今，这个区正以“生态 +”战略实现跨越式发展。

在新发展理念引领下，坚决摒弃损害甚至破坏生态环境的发展模式，坚决摒弃以牺牲生态环境换取一时一地经济增长的做法，不仅正在成为各地共识，更汇聚成经济发展的新动力和增长点。

在重工业密集、淘汰落后产能任务繁重的河北省廊坊市，去年在生产总值、固定资产投资、财政收入等多项经济指标增速均居全省第一的同时，更是一举甩掉了全国大气污染倒排“前 10”的黑帽子，打的正是一套去产能、调结构、增效益的组合拳。

重污染、高消耗项目坚决拒之门外，低端落后产业加速调整淘汰，2019 年钢铁企业全部退出，大数据、智能化、移动互联网和云计算确定为首位产业……与京津山水相连、大气相通的廊坊，正着力闯出一条产业结构调整引领发展的新路。

廊坊是个缩影。今年上半年，全国服务业增加值占国民经济的比重达 54.1%，高于第二产业 14 个百分点；最终消费支出对经济增长贡献率达 63.4%，比投资高 30.7 个百分点，成为经济增长的主要推动力。新产业、新业态、新模式、新产品加速发展。未来，随着结构转型升级加快，中国经济将呈现出更加绿色、更有活力的新气质。

“要更加注重促进形成绿色生产方式和消费方式。”2015 年 12 月，习近平总书记在中央经济工作会议上指出，“要坚定不移走绿色低碳循环发展之路，构建绿色产业体系和空间格局，引导形成绿色生产方式和生活方式，促进人与自然和谐共生。”

历史的浪潮滚滚向前，生态文明新局面已经开启。在以习近平同志为核心的党中央坚强领导下，中国绿色发展之路会越走越坚定，越走越宽广，伟大的中华民族一定能给子孙留下天蓝、地绿、水净的家园，赢得永续发展的美好未来！

（新华社北京2017年8月2日电　新华社记者董峻、王立彬、高敬、安蓓）

行得通、办得到、得人心
——澳门特别行政区向世界展示“一国两制”成功实践

澳门，素有“莲花宝地”之称。在其众多富有中西文化特征的旅游景点中，坐落在新口岸的金莲花广场是海内外游客的首选观光目标之一。广场中央矗立着高 6 米、重 6.5 吨的大型铸铜贴金雕塑——“盛世莲花”，这是中央人民政府赠送给澳门特别行政区的一件无价之宝。它于 1999 年 12 月 20 日，也就是澳门回归祖国当天落成。

这座金色莲花巨塑造型别致、工艺精湛，在阳光下熠熠生辉。如今，它已巍然矗立 20 个年头，见证了“一国两制”在澳门的成功实践。

澳门回归祖国以来，经济呈现蓬勃活力，民主政制稳步发展，社会治安良好，居民生活水平显著提升，取得举世瞩目的成就，彰显了“一国两制”方针的科学性和巨大生命力。

正如习近平主席在会见新当选并获中央政府任命的澳门特别行政区第五任行政长官贺一诚时指出，20 年来，澳门特别行政区政府团结社会各界人士，全面准确理解和贯彻“一国两制”方针，坚定维护宪法和基本法权威，传承爱国爱澳的核心价值观，促进澳门经济快速增长、民生持续改善、社会稳定和谐，向世界展示了具有澳门特色的“一国两制”成功实践。事实证明，“一国两制”是完全行得通、办得到、得人心的！

经济活力旺盛 民生显著改善

回归前，澳门宏观经济环境恶劣，连续4年出现负增长。回归后，澳门经济一改颓势，本地生产总值由1999年的473亿澳门元增长到2018年的4403亿澳门元，人均GDP由1.4万美元增长到8.26万美元，跃居世界前列。

回归以来，在开放博彩业的同时，澳门旅游业及相关餐饮、酒店、会展业迅速发展。特别是2003年开放内地居民赴澳个人游后，澳门经济活力更加旺盛。

大河涨水小河满，澳门居民的福利也随着经济繁荣水涨船高。2018年年中，澳门居民月工资中位数突破2万澳门元。自2008年开始，澳门已连续12年向本地居民进行现金分享。2019年，澳门永久性居民的现金分享额度更由9000澳门元增加到1万澳门元。

回归以来，《内地与澳门关于建立更紧密经贸关系的安排》(简称CEPA)、赴港澳个人游、深化泛珠三角区域合作、《粤港澳大湾区发展规划纲要》等国家重大举措出台和实施，使“背靠祖国、面向世界”的澳门迎来一次次发展机遇；港珠澳大桥、粤澳新通道、澳门机场填海工程等跨境及本地重大基础设施项目相继完工并投入使用，为澳门内引外联架设了更加牢固可靠的软硬件平台。

澳门城市规模虽然不大，但在区域协作和国家整体发展中的地位日益突出。今年出台的《粤港澳大湾区发展规划纲要》将澳门纳为大湾区四大中心城市之一，与香港、广州、深圳并列成为区域发展核心引擎。澳门“一个中心、一个平台、一个基地”的发展定位也被明确列入国家重大发展战略，成为指导方针，这是“一国两制”带给小城澳门的独特而重要的优势。

澳门城市大学协理副校长叶桂平表示，澳门即将迎来回归20周年大庆，正处于新的历史发展阶段，也面临发展中的新问题。新一届澳门特区政府、广大居民和社会各界人士，应以习近平主席提出的四个“更加积极主动”作为澳门未来发展的新指引，加强区域合作，开拓和优化生活发展新空间。澳门特区政府更应充分利用20年来积累的宝贵经验，在融入国家发展大局和助力国家全面开放的进程中，努力突破民生困局、制度制约、人才不足等瓶颈，乘风破浪，再创高峰。

澳门同胞当家做主 政制发展确保繁荣稳定

回归前，在澳葡当局统治下，澳门同胞享受不到平等的公民权和参政权。回归祖国后，澳门通过基本法确立了特别行政区制度，“一国两制”从科学构想变成生动现实。

在“一国两制”下，中央依法行使全面管治权，并授权特别行政区依法实行高度自治权。根据基本法规定，澳门特别行政区享有行政管理权、立法权、独立的司法权和终审权；澳门居民依法享有的基本权利和自由，受到宪法、基本法以及澳门本地法律的充分保障。澳门特别行政区真正实现了“澳人治澳”、高度自治，澳门同胞真正实现了当家做主。

澳门特区政府政策研究和区域发展局局长米健表示，回归之前，澳门同胞在当时澳葡政府的管治下，政治地位跟今天是不可比的。回归以后，得益于“一国两制”的成功实践，得益于国家的支持和国家的改革开放，澳门同胞在融入国家发展的过程中，既做出了贡献，也实现了自我发展。

澳门特别行政区成立以来，除第一任行政长官和第一届立法会依全国人大相关决定产生外，已顺利进行四任行政长官选举和五届立法会选举。在实现“澳人治澳”过程中，澳门特区形成了以行政长官为核心的行政主导体制。在行政长官统领下，行政、司法、立法机关分工负责，行政、立法机关既互相制衡又互相配合，司法机关独立行使审判权。这一政治体制既不同于澳葡时期总督大权独揽的殖民统治体制，也不同于西方国家的政治体制，促进了澳门特区政治体制良好运作，促进了社会和谐。

澳门自回归祖国开始，就将维护国家主权、安全、发展利益和保持特区长期繁荣稳定有机结合起来，作为贯彻落实“一国两制”方针和基本法的核心工作。2009 年 2 月，根据澳门基本法第二十三条制定的《维护国家安全法》在澳门特区立法会获得通过，让国家安全在澳门有了坚实的法律保障。

澳门特区政府不断加强宪法和基本法以及国情、区情的宣传教育，配合国家及本地相关立法，推进国旗、国徽和国歌的教育工作，升挂国旗活动已在全澳学校实现全覆盖。回归之初，特区就制定了《国旗、国徽及国歌的使用及保护》法律。2019 年 1 月，因应国歌法出台，澳门特区立法会通过法案，对原有法律进行修改，内容包括奏唱国歌的场合，在重大庆典和节日播放国歌，将国歌纳入中小学教育等，让国旗、国徽和国歌的权威更加深入人心。

时任澳门特区立法会主席、即将成为新一届特区政府“掌舵人”的贺一诚告诉新华社记者，法案通过之后，立法会大堂里面很快挂上了国徽，澳门有关部门依法应该悬挂国旗、国徽的地方，也都依法悬挂起来。

他强调，澳门基本法是根据国家宪法制定的，并规定了特区的权力。新一届特区政府将继续严格落实基本法，让“一国两制”在澳门的实践不变形、不走样。

中西文化交流互融 爱国爱澳薪火相传

400 多年中西文化交流历史，塑造了澳门中西合璧、族群共融的特质，形成了民风淳厚、和谐包容的社会。在这里，大三巴与哪吒庙可以比邻而建，妈阁庙与贾梅士雕像也拥有各自的膜拜者。

2005 年，既有大三巴牌坊、岗顶剧院、东望洋灯塔这样的西式建筑，也吸纳了妈阁庙、郑家大屋这类传统“中国风”特色的“澳门历史城区”，被联合国教科文组织列入世界遗产名录后，澳门 13% 的土地面积从此成为遗产保护区。此后，澳门市民和特区政府严守底线，原汁原味地护卫着澳门的历史风貌。

2019 年上半年出台的《粤港澳大湾区发展规划纲要》，更是将“建设以中华文化为主流、多元文化共存的交流合作基地”作为澳门的重要发展定位之一，与“世界旅游休闲中心”“中国与葡语国家商贸合作服务平台”并列明确下来。

澳区全国人大代表、特区立法会议员施家伦说，澳门要有机平衡和利用“一中心、一平台、一基地”发展定位，向各国游客及葡语国家民众广泛宣传“一国两制”的澳门故事和“人类命运共同体”的中国故事。

爱国爱澳长期以来都是牢固树立在澳门社会的核心价值。回归之前，澳门广大同胞和有识之士就通过各种方式支持了祖国人民的解放事业和新中国的建设。回归之后，当家做主的澳门同胞更是将爱国爱澳精神发扬光大，落实到各阶段的教育中，贯穿到澳门社会的方方面面。

澳门理工学院“一国两制”研究中心主任冷铁勋说，“爱国爱澳”优良传统是澳门能够正确处理好“一国”与“两制”关系的主要原因。坚持以爱国者为主体的“澳人治澳”，坚持在爱国爱澳旗帜下的最广泛团结，以强烈的使命感和责任感参与管理澳门各项事务；坚信社会主义祖国是澳门的坚强后盾，积极参与祖国改革开放和现代化建设。

“澳门民众普遍认识到澳门是处于国家的完全主权下的、具有高度自治权的特区，只有国家利益得到维护，特区利益才能获得根本保障。”澳门特区行政长官崔世安说，这正是澳门社会得以凝聚、团结发展的向心力所在。

（新华社澳门 2019 年 9 月 19 日电　新华社记者郭鑫）

沿着中国特色强军之路阔步前进
——党中央、中央军委领导推进国防和军队建设70年纪实

复兴之路，承载着一个伟大民族的深沉梦想；

强军之路，谱写着一支英雄军队的铁血荣光。

70年波澜壮阔，70年风雨征程。在党中央、中央军委坚强领导下，英雄的人民军队，在中华民族迎来从站起来到富起来、强起来的伟大飞跃的进程中，一路披荆斩棘，付出巨大牺牲，建立了不朽的历史功勋——

积极投身社会主义革命和建设，全面履行保卫祖国、保卫人民和平劳动的职能，为巩固新生人民政权、形成中国大国地位、维护中华民族尊严提供了坚强后盾；积极投身改革开放新的伟大革命，有力服务和保障国家改革发展稳定大局，为维护中国共产党领导和我国社会主义制度，为维护国家主权、安全、发展利益，为维护我国发展的重要战略机遇期，为维护地区和世界和平提供了强大力量支撑。

70年艰辛探索，70年不懈奋斗。在党中央、中央军委坚强领导下，英雄的人民军队，伴随着中华人民共和国走向现代化的历史脚步，在战斗中成长，在继承中创新，在建设中发展，实现了历史性飞跃——

革命化现代化正规化水平不断提高，威慑和实战能力不断增强，由过去单一军种的军队发展成为诸军兵种联合的强大军队，由过去“小米加步枪”武装起来的军队发展成为基本实现机械化、加快迈向信息化的强大军队，正沿着中国特色强军之路，向着实现党在新时代的强军目标、把人民军队全面

建成世界一流军队阔步前进。

时代潮流浩浩荡荡。在党中央、中央军委和习近平主席坚强领导下，英雄的人民军队必将从胜利不断走向新的胜利。

领航强军伟业　勠力民族复兴

“这个梦想是强国梦，对军队来说，也是强军梦”

——习近平

富国和强军，中华民族实现伟大复兴的两大基石。

在新中国走向社会主义现代化国家、中华民族走向伟大复兴的历史征程中，建设一支什么样的强大人民军队、怎样建设强大人民军队，始终是党中央、中央军委关注、思考、谋划的重大课题。

还在新中国成立前夕，毛泽东在中国人民政治协商会议第一届全体会议上的开幕词中就庄严宣告：“我们的国防将获得巩固，不允许任何帝国主义者再来侵略我们的国土”，“我们将不但有一个强大的陆军，而且有一个强大的空军和一个强大的海军”。

1950 年 9 月，在全国战斗英雄代表会议和全国工农兵劳动模范代表会议上，面对从枪林弹雨中走来的战斗英雄和各条战线的劳动模范，毛泽东谈到新中国必须要做“两件大事”——建立强大的国防军，建立强大的经济力量。

新中国成立时，海军和空军都处于初创阶段。到 1953 年，除了陆军，人民军队已经建立了空军、海军、防空军等军种，组建了炮兵、装甲兵、工兵等兵种的领导机关及其所属部队……毛泽东等老一辈革命家，从统一的指挥、统一的制度、统一的编制、统一的纪律、统一的训练和组织性、计划性、准确性、纪律性抓起，开启人民军队正规化、现代化进程，筑起共和国钢铁长城。

20 世纪 70 年代末 80 年代初，冷战的阴云还笼罩在人们头上，邓小平就敏锐地洞察到：世界战争的危险还是存在的，但是世界和平力量的增长超过战争力量的增长，在较长时间内不发生大规模的世界战争是有可能的，维护世界和平是有希望的。远见卓识的战略判断，拨正了国家建设发展的航向。

1981年秋，一场规模空前的大演习在华北大地拉开帷幕。这是人民解放军第一次按现代战争要求组织的诸军兵种合同军事演习。演习结束后，邓小平登上敞篷车检阅演习部队。面对征尘未洗的将士，邓小平对新时期军队建设总目标作出高度概括：把我军建设成为一支强大的现代化、正规化的革命军队。

服从服务于党和国家以经济建设为中心的工作大局，国防和军队建设从立足于“早打、大打、打核战争”的临战状态，转到和平时期建设轨道上来。

历史进入20世纪90年代，冷战结束并未给世界带来安宁，世界格局加速朝着多极化方向发展，高技术局部战争登上历史舞台，战争形态发生深刻变化。

江泽民提出，按照政治合格、军事过硬、作风优良、纪律严明、保障有力的总要求，紧紧围绕打得赢、不变质两个历史性课题，积极推进中国特色军事变革。

党中央、中央军委确立新时期军事战略方针，把打赢现代技术特别是高技术条件下的局部战争作为军事斗争准备基点，制定国防和军队现代化建设“三步走”发展战略。

新世纪新阶段，传统安全威胁和非传统安全威胁相互交织，国际政治、经济、安全矛盾更加错综复杂，国家安全问题的综合性、复杂性、多变性进一步增强。

胡锦涛提出，按照革命化现代化正规化相统一的原则加强军队全面建设，实现国防和军队建设全面协调可持续发展，履行好“三个提供、一个发挥”的历史使命。

党中央、中央军委充实完善新时期军事战略方针，把军事斗争准备基点调整为打赢信息化条件下的局部战争，要求提高军队应对多种安全威胁、完成多样化军事任务的能力。

当今世界正面临百年未有之大变局，我国正处于由大向强发展的关键阶段，国际军事竞争格局正在发生历史性变化……如何全面把握国际国内大势，紧紧围绕党和国家工作大局开创强军兴军新局面，成为一个重大时代课题。

2012年11月29日，中国国家博物馆，习近平在参观《复兴之路》展览时，向世界庄严宣告：实现中华民族伟大复兴，就是中华民族近代以来最伟大的梦想。相隔仅10天，习近平第一次离京视察部队，在南海之滨作出重要论断：“这个梦想是强国梦，对军队来说，也是强军梦。”

2013年3月，在十二届全国人大一次会议解放军代表团全体会议上，习近平郑重宣告：“建设一支听党指挥、能打胜仗、作风优良的人民军队，是党在新形势下的强军目标。”

听党指挥是灵魂，能打胜仗是核心，作风优良是保证。强军目标，谋的是民族复兴伟业，布的是富国强军大局，立的是发展安全之基，标定了人民军队作为大国军队、强国军队的样子。

党的十八大以来，习近平把国防和军队建设放在实现中华民族伟大复兴的大目标下来把握，放在夺取具有许多新的历史特点的伟大斗争新胜利中来考量，放在“五位一体”总体布局和“四个全面”战略布局中来运筹，确立了顶层谋划的大设计、转型跨越的大思路、建军治军的大方略——

提出实现党在新时代的强军目标、把人民军队全面建成世界一流军队，领导制定新时代军事战略方针，坚持“五个更加注重”的战略指导，全面推进政治建军、改革强军、科技兴军、依法治军，深入推进备战打仗，全面提高国防和军队现代化水平，培养有灵魂、有本事、有血性、有品德的新时代革命军人，锻造具有铁一般信仰、铁一般信念、铁一般纪律、铁一般担当的过硬部队……

在波澜壮阔的强军实践中，以习近平同志为核心的党中央带领全军深入进行理论探索和实践创造，形成了习近平强军思想，开拓了当代中国马克思主义军事理论和军事实践发展新境界。

2017年金秋，党的十九大着眼全面建设社会主义现代化强国，对坚持走中国特色强军之路、全面推进国防和军队现代化作出战略部署——

确保到2020年基本实现机械化，信息化建设取得重大进展，战略能力有大的提升。同国家现代化进程相一致，全面推进军事理论现代化、军队组织形态现代化、军事人员现代化、武器装备现代化，力争到2035年基本实现国防和军队现代化，到本世纪中叶把人民军队全面建成世界一流军队。

为巩固中国共产党领导和我国社会主义制度提供战略支撑，为捍卫国家主权、统一、领土完整提供战略支撑，为拓展我国海外利益提供战略支撑，为促进世界和平与发展提供战略支撑——这是党和人民赋予人民军队的新时代使命任务。

在党的旗帜下，英雄的人民军队必将走向更光辉的未来。

铸牢强军之魂 坚定政治方向

“坚持党对军队绝对领导是强军之魂，铸牢军魂是我军政治工作的核心任务，任何时候都不能动摇”

——习近平

古田，一个闽西小镇，见证了一支伟大军队两次浴火重生。

古田会议纪念馆，常年人流如织。在这里，人们寻根溯源，思考着人民军队重整行装再出发的深远意蕴，感悟着一个穿越时空、颠扑不破的真理——“党指挥枪”。

从南昌到三湾再到古田，中国共产党将马克思主义建党建军学说同中国革命实践相结合，创造性建立党对军队绝对领导的根本原则和制度，赋予人民军队完全区别于一切旧军队的政治特质和根本优势。

新中国70年峥嵘岁月，无论军队建设内外环境怎么变化、军队组织形态怎么调整，我们坚持党对军队的绝对领导不动摇，确保人民军队始终沿着坚定正确的政治方向奋勇前行。

新中国成立后，毛泽东对“党指挥枪”这条原则一直紧抓不放，不断提请党内军内同志注意。在起草《工作方法六十条（草案）》时，毛泽东写道：“军队必须放在党委的领导和监督之下，现在基本上也正是这样做的，这是我军的优良传统。”

党中央、中央军委先后颁布《中国人民解放军政治工作条例（草案）》等重要文件，用法规的形式确立了党对军队绝对领导的原则。

步入改革开放新时期，世情国情党情军情发生复杂深刻变化，军队党的领导面临许多新情况。对此，邓小平鲜明指出“我们的传统是军队听党的话”、“党要管军队，因为军队始终是党领导的”，强调“军队任何时候都要听中央的话，听党的话”。

围绕确保人民军队永不变质，江泽民提出“党对军队的绝对领导是我军永远不变的军魂”的论断，强调“军队必须始终不渝地坚持党的绝对领导，在思想上、政治上同党中央保持一致，一切行动听从党中央指挥”。

着眼履行新世纪新阶段历史使命，胡锦涛强调“坚持党对军队的绝对领导，是我军建设和发展的首要问题。我们对这个问题要始终关注、抓住不放，任何时候任何情况下都不能有丝毫含糊和动摇”。

伴随中国特色社会主义政治制度不断发展的步伐，中国特色社会主义军事制度日趋完善——

1982年，“中央军事委员会实行主席负责制”写入宪法。

1997年，国防法明确“中华人民共和国的武装力量受中国共产党领导”。

2009年，中央军委扩大会议提出，党对军队的绝对领导是“我国的基本军事制度和中国特色社会主义政治制度的重要组成部分”……

“党对军队的绝对领导是我军的军魂和命根子，永远不能变，永远不能丢。”进入新时代，习近平深刻指出，保证党对军队的绝对领导，关系我军性质和宗旨、关系社会主义前途命运、关系党和国家长治久安，是我军的立军之本和建军之魂。

2014年金秋，习近平在古田主持召开全军政治工作会议，强调“坚持党对军队绝对领导是强军之魂，铸牢军魂是我军政治工作的核心任务，任何时候都不能动摇”。

从古田再出发，政治建军掀开新的时代篇章，党对军队的绝对领导不断巩固加强——

党的十九大把“坚持党对人民军队的绝对领导”确定为新时代坚持和发展中国特色社会主义的一条基本方略。大会通过的新修改的党章，明确中国共产党坚持对人民解放军和其他人民武装力量的绝对领导，把中央军事委员会实行主席负责制这一领导体制在党章中确立下来。2018年8月召开的中央军委党的建设会议，对全面加强新时代我军党的领导和党的建设工作作出全面部署。

深化国防和军队改革，着眼于贯彻新时代政治建军的要求，推进领导掌握部队和高效指挥部队有机统一，形成军委管总、战区主战、军种主建的格局，一系列体制设计和制度安排，把党对军队绝对领导的根本原则和制度进一步固化下来并加以完善。

中央军委先后印发《关于贯彻落实军委主席负责制建立和完善相关工作机制的意见》、《关于全面深入贯彻军委主席负责制的意见》，作出一系列部署安排。

学习贯彻习近平新时代中国特色社会主义思想，牢固确立习近平强军思想在国防和军队建设中的指导地位，增强“四个意识”、坚定“四个自信”、做到“两个维护”，贯彻军委主席负责制，全军将士思想上高度自觉、政治上高度自觉、行动上高度自觉。

“大功三连”赓续“煤油灯下学毛著”的好传统，坚持用党的创新理论建连育人；“红一连”传承“支部建在连上”的优良传统，以党支部组织功能的不断强化推动战斗力持续提升……他们的先进事迹，成为全军部队贯彻政治建军要求的生动缩影。

70年来，党中央、中央军委把思想政治建设作为我军的根本性建设，持续用马克思主义中国化最新成果武装官兵，坚持思想领先，固本培元，凝魂聚气，把军心凝聚在党的旗帜下，引导官兵坚定不移听党话、跟党走。

70年来，党中央、中央军委坚持组织路线服务政治路线，紧紧围绕保证党对军队的绝对领导，不断加强我军党的领导和党的建设工作，各级党组织的领导力、组织力、执行力持续增强，党的组织体系不断健全，党的领导直达基层、直达士兵，党的政治优势和组织优势不断转化为制胜优势。

扭住强军之要　锻造精兵劲旅

“人民军队永远是战斗队，人民军队的生命力在于战斗力”

——习近平

从风雪北疆到青翠岭南，从西部高原到东海之滨，一幅幅沙场点兵的壮阔画卷在神州大地延伸铺展——

铁流滚滚，陆军多支精锐部队轮番鏖战；巨舰犁波，海军多支编队互为对手多维对抗；云海苍茫，空军战鹰雷霆突击；深山密林，火箭军一枚枚新型导弹剑指苍穹……

能打仗、打胜仗，是党和人民对军队的根本要求，是军队使命职责之所在、军队存在的根本价值之所在。70年来，在党中央、中央军委坚强领导下，人民军队始终注重强化战斗队思想、提升打赢能力，有力捍卫了国家主权、安全、发展利益。

新中国成立前夕，毛泽东就明确指出：“人民解放军永远是一个战斗队”，“对于这一点不能有任何的误解和动摇”。1950年10月，刚刚从硝烟战火中走来的部队官兵，又义无反顾奔赴朝鲜战场，抗美援朝、保家卫国。

安不忘危，治不忘乱。人民军队练兵备战这根弦始终绷得紧而又紧。

从1953年6月起，人民解放军按预定计划开始转入以军事训练为主要内容的正规训练。这是我军历史上首次全军进行统一计划训练。

20世纪60年代前期，全军掀起群众性练兵热潮。1964年春，中央军委举行了一次全军范围的“比武”活动。毛泽东等党和国家领导人在北京观看了北京军区、济南军区部分部队的汇报表演。大比武有力推动了部队军事训练的展开，促进了战斗力的生成提高。

“军队要提高战斗力”、“要准备打仗”，这是邓小平对军队反复强调的要求。进入20世纪80年代，邓小平指出，“大仗几年打不起来，不要造成人为的紧张”，但同时强调“军队还是要随时准备打仗的”。以1981年9月的华北大演习为标志，诸军兵种合同训练成为我军军事训练的主要特点。走中国特色精兵之路，实行百万大裁军，“精兵、合成、高效”成为人民军队建设的鲜明指向。

科学技术是第一生产力，也是军队提高战斗力的重要动力。20世纪90年代，江泽民明确要求，把依靠科技进步作为提高战斗力的基础。1995年，中央军委明确提出科技强军战略，军队建设要逐步实现由数量规模型向质量效能型、由人力密集型向科技密集型转变，全军上下掀起科技练兵热潮。2000年10月，中央军委组织全军科技练兵成果交流活动，演练层次之高、运用技术之新、涉及范围之广开创我军先河。

新世纪新阶段，以信息技术为主要标志的高新技术迅猛发展，深刻改变着战斗力生成模式。2006年6月，全军军事训练会议在北京召开，胡锦涛号召全军“立足机械化信息化复合发展的实际，更加自觉主动地推进机械化条件下军事训练向信息化条件下军事训练转变”。中央军委对军事训练创新发展作出部署安排。科学发展砺精兵，复杂电磁环境下军事训练、集成训练、网上演兵……军事训练质量效益不断提高，基于信息系统的体系作战能力得到提升。

党的十八大以来，习近平反复强调能打仗、打胜仗是强军之要，人民军队永远是战斗队，人民军队的生命力在于战斗力，必须强化忧患意识，坚持底线思维，全部心思向打仗聚焦，各项工作向打仗用劲，确保在党和人民需要的时候拉得出、上得去、打得赢。

“我想的最多的就是，在党和人民需要的时候，我们这支军队能不能始终坚持住党的绝对领导，能不能拉得上去、打胜仗，各级指挥员能不能带兵打仗、指挥打仗。”这是胜战之问，也是价值之问、本领之问，直指军队建设、改革和军事斗争准备的要害。

2017 年，党的十九大闭幕后第二天，习近平主持新一届中央军委第一次常务会议，就强调军委班子要推动全军各项工作向能打仗、打胜仗聚焦。

一周后的 11 月 3 日，习近平率新一届军委班子视察军委联合作战指挥中心，强调军委工作一开始就要把备战打仗的指挥棒立起来。

2018 年元旦刚过，习近平一身戎装，出席中央军委开训动员大会，登上校阅台发布训令，号令全军全面加强实战化军事训练，全面提高打赢能力。

2019 年 1 月 4 日，习近平出席中央军委军事工作会议，强调要把新时代军事战略思想立起来，把新时代军事战略方针立起来，把备战打仗指挥棒立起来，把抓备战打仗的责任担当立起来……

军队统帅的政治动员和时代号令，凝聚起强军打赢的磅礴力量。全军上下精武强能热潮涌动，铺开一幅练兵备战的壮阔图景：

向实战化要战斗力——广泛开展“战斗力标准大讨论”，向和平积弊开刀，坚持实战实训、联战联训，坚持按纲施训、从严治训。2012 年以来，全军部队广泛开展各战略方向使命课题针对性训练和各军兵种演训，师旅规模以上联合实兵演习 80 余场。

向改革要战斗力——重塑领导指挥体制，构建起中央军委—战区—部队的作战指挥体系和中央军委—军种—部队的领导管理体系；优化规模结构和力量编成，推进军队组织形态现代化，构建中国特色现代军事力量体系；推进军事政策制度改革，深化我军党的建设制度改革、创新军事力量运用政策制度、重塑军事力量建设政策制度、改革军事管理政策制度……人民军队更加精干、更加适应未来作战，战斗力要素的活力竞相迸发。

向科技要战斗力——大力发展新型作战力量，建设网络信息体系，推动后勤向信息化转型，加快研发高新技术武器装备，加强重大技术研究和新概念研究……全面实施科技兴军战略，创新驱动发展的引擎全速发动。

从朱日和沙场阅兵到南海海域海上阅兵，从陆地到海上，两场阅兵有一个共同指向——实战。有效遂行海上维权、反恐维稳、抢险救灾、国际维和、亚丁湾护航、人道主义救援等重大任务，展示了人民军队能打仗、打胜仗的时代风采。

夯实强军之基　永葆作风本色

“作风优良才能塑造英雄部队，作风松散可以搞垮常胜之师”

——习近平

历史总能在跨越时空的今昔对照中给人以深刻启迪。

1949 年 5 月，经过半月激战，上海宣告解放。解放军第三野战军官兵虽已疲惫至极，但为了不惊扰市民，他们在蒙蒙细雨中和衣抱枪、露宿街头，秋毫无犯。

2015 年 12 月，一纸命令传来，驻冀某部移防山西。数千名官兵、千余台装备转移搬迁，全部安排在夜间和周末进行，最大限度减少对驻地群众工作生活的干扰。

有了民心所向、民意所归、民力所聚，人民军队就能无往而不胜、无敌于天下。全军官兵始终牢记全心全意为人民服务的根本宗旨，任何时候任何情况下都做人民子弟兵。

“作风优良才能塑造英雄部队，作风松散可以搞垮常胜之师”——这是被反复证明的历史规律。

“我军要强起来，作风必须过硬，否则就容易垮掉”——这是一针见血、掷地有声的深刻警示。

永葆本色、作风过硬，离不开“赶考”路上的忧患——

新中国成立前夕，离开西柏坡前，毛泽东谆谆告诫全党全军，“务必使同志们继续地保持谦虚、谨慎、不骄、不躁的作风，务必使同志们继续地保持艰苦奋斗的作风”。解放军占领南京后，毛泽东又以“宜将剩勇追穷寇，不可沽名学霸王”的豪迈诗句，要求全军戒除骄傲自满，将革命进行到底。

1975年7月，在一次中央军委扩大会议上，邓小平面对乱局大刀阔斧作出部署，要求“军队要整顿”，解决“肿、散、骄、奢、惰”问题。1978年，全军政治工作会议召开，邓小平鲜明提出“军队的作风要做个好样子”，强调“整顿，一定要从严”，带领全军以良好作风步入改革开放新时期。

“实行改革开放，把大门打开了，国外一些好的东西进来了，但也会带进来一些消极腐朽的东西”。江泽民要求全军“探索发展社会主义市场经济和对外开放的条件下治军的特点和规律”，“必须坚持不懈地在全军进行艰苦奋斗的教育，不断增强广大官兵抵制腐朽思想文化侵蚀的能力”。

进入新世纪新阶段，人民军队建设和发展的历史条件发生深刻变化，国际政治和思想文化领域斗争日趋激烈，国际国内各种思想文化相互激荡。胡锦涛强调，“要把发扬优良传统与弘扬时代精神结合起来，与创造新鲜经验结合起来……赋予我军优良传统新的时代内涵”。

“把有限的生命投入到无限的为人民服务中去”的雷锋，“拒腐蚀、永不沾”的“南京路上好八连”，驻守珠海经济特区的“南海前哨钢八连”，展示我军威武之师文明之师形象的驻香港、驻澳门部队……一个个响亮的名字，标注出全军将士的精神高度，闪耀着革命传统的时代光芒。

三峡工程、西气东输、西电东送、青藏铁路……国家重点工程建设，哪里有难啃的硬骨头，哪里就有人民子弟兵；唐山地震、九八洪灾、非典疫情、汶川地震……突发灾难面前，哪里最危险，哪里最需要，哪里就有人民子弟兵。一次次英勇突击，一次次迎难而上，持续淬炼着人民军队的本色作风。

党的十八大以来，习近平就加强军队作风建设作出一系列重要指示、重要部署，去疴除弊、整肃纲纪，全军上下回归初心、回归传统、回归本色，重塑思想、重塑作风、重塑政治生态，立起了新时代革命军人新标准、人民军队新样子。

率先垂范、身体力行，感召全军勠力同心改作风——

2012年12月4日，中央政治局召开会议，审议通过关于改进工作作风、密切联系群众的八项规定。当月，中央军委印发关于加强自身作风建设十项规定。

2013年7月，中央军委专题民主生活会一连开了两个半天，习近平还专门调阅了各大单位民主生活会的对照检查材料。这几年，军委专题民主生活会都贯穿了作风建设的重要内容，都体现了严和实的要求。

在党的群众路线教育实践活动中，在“三严三实”专题教育整顿中，在“两学一做”学习教育中，在“不忘初心、牢记使命”主题教育中，经历一次次思想洗礼和作风整顿，全军上下自觉看齐追随，坚持严字当头，突出问题导向，政治生态不断纯净，清风正气持续上扬。

重拳出击、持续用力，强力推进正风肃纪反腐——

坚持无禁区、全覆盖、零容忍，坚持重遏制、强高压、长震慑，坚定不移推进反腐败斗争，一批腐败分子被绳之以法；全面彻底肃清郭伯雄、徐才厚、房峰辉、张阳流毒影响，全面推进思想领域的挖根除弊、组织队伍的清理纯洁；高悬纪检、巡视、审计“利剑”，持续深入纠治“四风”，全面停止军队有偿服务，铲除腐败滋生土壤。

扎实推进基层风气建设，严肃查处“微腐败”问题，大力纠治官兵身边不正之风。抓铁有痕、踏石留印，落细落小、常抓不懈，成为全军各级纠风治弊的常态。

顶层谋划、前瞻设计，不断健全作风建设法治保障——

作风改到深处，最有效的是法治，最管用的是制度。

习近平将依法治军作为全面依法治国、全面从严治党的重要组成部分统筹推进，领导我军加快构建中国特色军事法治体系，加快实现治军方式根本性转变。

从印发《关于新形势下深入推进依法治军从严治军的决定》到出台《严格军队党员领导干部纪律约束的若干规定》，从制定《厉行节约严格经费管理的规定》到下发《关于加强军队基层风气建设的意见》……军队建设各领域法规制度密集出台，制度笼子越扎越紧，作风建设的法治基础更加坚实。

前进方向党指引，强军征程勇向前。

（新华社北京2019年9月28日电　新华社记者李宣良、梅世雄、梅常伟，解放军报记者费士廷、尹航）

指引人类进步与变革的力量
——记习近平主席在瑞士发表人类命运共同体演讲一周年

一样的莽莽雪山，一样的银装素裹。更加纷繁的世界，更加严峻的挑战。

一年前，国家主席习近平在世界经济论坛年会和联合国日内瓦总部发表两场历史性演讲，向世界描绘一幅构建人类命运共同体的壮美蓝图，产生了强烈反响。美国《外交政策》杂志说，这是“具有分水岭意义的时刻”。

一年后，达沃斯世界经济论坛将“在分化的世界中打造共同命运”定为主题，与构建人类命运共同体的中国理念同频共振。

一年来，人类命运共同体理念在全球产生了怎样的思想激荡？又给世界带来怎样的变化？新时代的中国又以怎样的胸襟和智慧，与各国携手，打造一个更加美好的世界，迈向人类更加美好的未来？

思想的穿透力：为彷徨困扰的世界指明方向

“习近平主席那次讲话具有历史意义。”时隔一年，世界经济论坛创始人施瓦布回忆起习主席的演讲，依然感叹不已。他强调，今年论坛确定这一主题，就是希望可以继续顺承习主席去年演讲时所提到的“共建人类命运共同体”的主张。

2017 年初的世界，正处于关键当口：开放与封闭、合作与对立、前进与倒退等各种力量交锋，世界经济复苏乏力，全球化遭遇逆风，不确定性如浓雾般弥漫全球。人类社会何去何从？习近平主席的阿尔卑斯之旅，备受期待。

达沃斯年会开幕式上，习主席为世界经济走出迷途“把脉开方”，为处在十字路口的全球化进程指引方向。容纳1700人的全会厅座无虚席。演讲结束时，观众起立致敬，掌声经久不息，饱含对这位中国领导人深邃思考的认同与赞许。

日内瓦万国宫，一场名为“共商共筑人类命运共同体”的高级别会议同样牵动世界。面对人类社会何去何从的时代之问，习主席给出中国答案：构建人类命运共同体，实现共赢共享。47分钟演讲，30多次掌声。讲到关键处，几乎句句赢得掌声。

从达沃斯到日内瓦，两场历史性演讲，从哲学高度阐释人类命运前途的时代命题，跨越千年历史，发出中国强音；它们如同指引航船的灯塔，散发出跨越时空的思想魅力。

领导力、塑造力、影响力，构成国际媒体对两场演讲的核心印象。路透社评价，习主席的演讲在特殊历史时刻展现了中国的“领导力”。英国《每日电讯报》说，习主席娓娓道来，如同一位“哲人”。西班牙《国家报》指出，以达沃斯论坛为平台，习近平主席成为全球化和自由贸易的“世界领导者”。

今年的达沃斯论坛上，习主席演讲的情景仍令不少与会者记忆犹新，人类命运共同体理念已成为国际共识。诺贝尔经济学奖得主安格斯·迪顿说：“人类命运共同体是个伟大的计划，我非常希望能够实现。与此同时，中国为实现这个目标所做的努力令人钦佩。”

建设一个持久和平、普遍安全、共同繁荣、开放包容、清洁美丽的世界——构建人类命运共同体理念着眼“五位一体”，将人类共同价值和中华优秀文化弘扬光大，将中国自身发展与世界共同发展融为一体。这种深具开创性、普遍性的价值理念，不仅是中国思想对当代世界的重要启示，更成为引领时代潮流和人类文明进步方向的鲜明旗帜。

在第71届联合国大会主席彼得·汤姆森看来，中国所倡导的构建人类命运共同体理念，是“人类在这个星球上的唯一未来”。

让和平的薪火代代相传，让发展的动力源源不断，让文明的光芒熠熠生辉。构建人类命运共同体，是各国人民的期待，更是复兴中国对变革世界的时代担当。

行动的塑造力：为共赢共享的愿景开辟道路

构建人类命运共同体，不仅需要先进的思想启迪世界，更需要行动的力量改变世界。国际社会热议着中国为人类绘制的美好蓝图，也关注着中国以怎样的姿态将理念付诸实践。

习主席在日内瓦万国宫的演讲中，提出构建人类命运共同体的“五个坚持”，从伙伴关系、安全格局、经济发展、文明交流和生态建设五方面为构建人类命运共同体提供了行动指南。

“不驰于空想，不骛于虚声”。一年来，习近平主席在国内外多个场合密集阐释人类命运共同体理念。中共十九大报告中，“推动构建新型国际关系，推动构建人类命运共同体”成为中国特色大国外交的总目标，列入新时代中国特色社会主义发展的基本方略。

构建人类命运共同体，打造总体稳定、均衡发展的大国关系框架。一年来，习近平主席与美国总统特朗普3次会晤，多次通话通信，稳定并指引着世界上这对复杂而重要的双边关系；与俄罗斯总统普京实现互访，举行5次会晤，使中俄关系成为维护和平、主持公平正义、倡导合作共赢的重要基石；访问德国、瑞士、芬兰，与法国总统马克龙和英国首相特雷莎·梅举行会晤，丰富和拓展中欧关系战略内涵。

为让命运共同体理念在周边国家落地生根，习主席一年来两次会见菲律宾总统杜特尔特，与到访的韩国总统文在寅规划中韩关系走向。十九大后，习主席首次出访就选择了越南和老挝这两个邻国，多维度拓展合作，在“亲诚惠容”中汇聚起澎湃力量。

美国外交学者网的一篇文章评论说，“命运共同体”描述的是一个相互合作的世界，一种取代西方模式的新型国际关系策略。它以双赢为前提，不是那种受零和思维支配的旧思维。

联合国国际贸易中心执行主任冈萨雷斯认为，中国践行“人类命运共同体”理念，是将自身发展寓于深度的国际合作和广泛的国际贡献之中：在区域合作方面推动“一带一路”建设，在气候变化问题上走绿色发展之路，在国际安全领域积极参加联合国主导的维和行动。

尤为世人关注的，是习近平主席提出的“一带一路”倡议已经成为国际社会的广泛共识。国际舆论认为，“一带一路”已成为中国推动构建人类命运共同体的重要路径和宏伟实践。去年 5 月，中国举行首届“一带一路”国际合作高峰论坛，形成各国合力推进“一带一路”建设的国际共识。迄今，中国同 8 0 多个国家和组织签署了共建“一带一路”政府间协议，在倡议框架下对有关国家投资已超过 500 亿美元，一系列重大项目落地开花，创造了近 20 万个就业岗位。

“我提出‘一带一路’倡议，就是要实现共赢共享发展。”习主席在万国宫演讲中这样宣示这一倡议的初衷。“一带一路”蕴含的命运与共意识、编织的互利合作网络，为实现可持续发展、推动全球化再平衡开辟了新路径，为构建人类命运共同体注入强劲而持久的动力。

协同的感召力：为命运与共的未来谱写新篇

构建人类命运共同体的理念，源于中国，属于世界，是中国与世界的交响协奏。在这一饱含东方智慧与天下情怀的理念的感召下，国际社会同声相应、相向而行，携手为命运与共的人类未来谱写壮美乐章。

联合国秘书长古特雷斯说，在习主席的领导下，中国已成为多边主义的重要支柱，“而我们践行多边主义的目的，就是要建立人类命运共同体”。正是基于这种国际认同，这一中国理念去年多次载入联合国相关决议，产生深远影响。

2017年2月10日，构建人类命运共同体理念写入联合国决议；3月17日，载入安理会决议；3月23日，载入联合国人权理事会决议；11月2日，写入联大两份安全决议……越来越多国家意识到，构建人类命运共同体理念与《联合国宪章》精神高度契合，在应对重大全球挑战时必将凸显其时代价值。

一年来，从二十国集团汉堡峰会到亚太经合组织岘港会议，从美国政府宣布退出应对气候变化《巴黎协定》后世界将目光投向中国，中国正成为完善全球治理最为活跃的动力。中国共商共建共享的全球治理观，得到越来越广泛的认同。

在当今国际治理体系面临分化挑战之时，中国提出并践行人类命运共同体理念，对国际合作共赢传递着强烈信心，广获各国认同，激发起同频共振、同声相应的合作共鸣。

刚刚落幕的中国—拉美和加勒比国家共同体论坛第二届部长级会议专门通过了《“一带一路”特别声明》，以中拉紧密合作的具体行动，践行着人类命运共同体理念。近年来，主要区域性地区组织都与中国建立了常态化的合作机制，提出构建中拉、中非、中阿、中国—东盟命运共同体等设想，通过互利合作，将一块块大陆紧密相连。

以曾经喧嚣一时的南海问题为例，中国与东盟过去一年来力排域外势力干扰，相向而行，接连达成重要阶段性成果。如今，中国和东盟国家已启动“南海行为准则”案文磋商，成为南海迈向和平、友谊、合作之海的新起点。

东盟国家普遍认为，中国与东盟各国相处时照顾彼此舒适度，与“强权模式”截然不同，有助寻求利益最大公约数。菲律宾总统杜特尔特说，如今已经不再是国家事务与地区共同目标相互冲突的时代，中国是菲律宾“患难见真情的朋友”。

两个月前，来自世界120多个国家近300个政党和政治组织领导人来到北京，与中国共产党的领导人汇聚一堂，围绕“构建人类命运共同体、共同建设美好世界”主题进行了广泛深入的对话交流。各方一致通过《北京倡议》，开创了当今世界政党对话合作，共商全球治理和人类未来发展的新纪元。

中共举办的与世界政党高层对话会吸引力为何这么大？摩洛哥议会第二大党真实性与现代党总书记奥马里一语中的：人类命运共同体理念的提出是中国共产党着眼全人类前途命运的证明。埃及自由埃及人党主席伊萨姆·哈利勒则笃信，如果所有国家团结一致，协同规划和实践，构建人类命运共同体的目标必定可以实现。

历史是勇敢者创造的。构建人类命运共同体思想直面当今世界最重要的问题，为世界发展和人类未来指明了正确方向。深邃智慧的中国理念，必将穿透迷雾，直抵人心。共赢共享的中国行动，必将凝聚广泛力量，实现共同梦想；中国与世界携手并进，必将迈向人类共同的美好未来。

（新华社北京2018年1月24日电　新华社记者韩墨、韩梁，参与记者：党琦、凌馨、邓茜、聂晓阳）

踏上反腐败法治化规范化新征程

——深化国家监察体制改革一年间

2018年3月，十三届全国人大一次会议通过宪法修正案和监察法，国家监察委员会依法组建，国家监察体系总体框架初步建立。

一年来，在以习近平同志为核心的党中央坚强领导下，国家监察体制改革持续深化，党对反腐败工作的集中统一领导不断加强，反腐败工作法治化规范化水平不断提高，制度优势正在不断转化为治理效能。

集中统一 全面覆盖——党对反腐败工作领导进一步加强

2018年3月23日，北京平安里西大街，一个全新的国家机构——“中华人民共和国国家监察委员会”正式挂牌，党和国家反腐败工作掀开新篇章。

国家、省、市、县四级监察委员会全部组建产生，完成人员转隶，共划转编制6.1万个、转隶干部4.5万人，监察体制改革由试点迈入全面深化新阶段。

一年来，纪委监委合署办公，共同设立内设机构，统筹人员调配使用，力量配备向监督检查和审查调查一线倾斜，以“形”的重塑、“神”的重铸为目标，实现了机构、职能、人员的全面融合和战略性重塑。

2018年以来，福建省德化县纪委监委先后查办了某国企两名财务人员贪污巨额公款和一名职务犯罪公职人员外逃18年的案件。

作为全面从严治党的“第一责任人”，县委书记梁玉华多次听取重要事项汇报，主持召开县委反腐败协调小组会议，协调相关部门全力配合县监委开展调查，使案件得以高效顺利推进。

这是监察体制改革之后，地方党委对反腐败工作全过程领导的一个缩影。

定期研判问题线索、分析本地政治生态、听取重大案件情况报告、参与本级管理干部问题线索谈话、充分发挥反腐败协调小组机制作用……

一年来，通过改革，从组织形式、职能定位、决策程序上，党对反腐败工作的集中统一领导进一步具体化、程序化，各级党委全面从严治党政治责任进一步强化，党领导的反腐败工作体系更加科学完备。

改革之后，纪委监委合署办公，代表党和国家行使纪检监察两项职责，将监察对象扩展到所有行使公权力的公职人员。

黑龙江省林业厅原厅长杨国亭、河北省邯郸市政协原副主席王仲民、山东省德州市原副市长商怀君、吉林工商学院原副院长张国志……2018年以来，多名非中共党员领导干部接受监察调查。

与此同时，党的纪律检查体制改革、国家监察体制改革和纪检监察机构改革“三项改革”一体推进，向着监督全覆盖、无死角迈进。

2018年6月20日，中央纪委国家监委网站发布消息，中央纪委国家监委统一设立派驻机构，名称为中央纪律检查委员会国家监察委员会派驻纪检监察组，履行党的纪律检查和国家监察两项职责。

2018年底，中办印发《关于深化中央纪委国家监委派驻机构改革的意见》，对完善派驻工作领导体制和运行机制作出全面部署——

中央纪委国家监委统一设立46家派驻纪检监察组，监督中央一级党和国家机关129家单位；

推进中管企业纪检监察体制改革，设立企业纪检监察组或者监察专员办公室，由国家监委赋予监察权；

将中管金融企业纪委改设为中央纪委国家监委派驻纪检监察组，受中央纪委国家监委直接领导；

明确党委书记和校长列入中央管理的高校纪委接受高校党委和党组织关

系所在地地方纪委双重领导，切实发挥主管部门党组政治作用。

随着国家监察体制改革深入推进，一个党领导的集中统一、权威高效的监察体系逐渐形成。

执纪执法贯通 有效衔接司法——反腐败法治化规范化水平不断提升

2018 年 4 月 1 日，中央纪委国家监委发布消息：贵州省委原常委、副省长王晓光涉嫌严重违纪违法，目前正接受纪律审查和监察调查。王晓光是国家监委成立后第一个落马的中管干部。

细心的人发现，在中央纪委国家监委的通报措辞中，“涉嫌严重违纪”变为“涉嫌严重违纪违法”，“接受组织调查”变为“接受纪律审查和监察调查”。

字词之变背后，是反腐败体制机制的重大推进。

监委成立前，纪检监察机关的调查结果不能作为证据直接用于司法审判，问题线索移交后，检察机关必须重新立案侦查、重新取证、重新制作笔录。

改革之后，监委被赋予职务违法和职务犯罪案件调查权，纪委监委合署办公，执纪审查和执法调查可以同时启动、同步进行，调查结果可依法作为证据运用于司法审判，大大提升了反腐败工作效率。

2018 年 5 月 3 日，江苏盐城市滨海县监委对盐城经济技术开发区社会保障管理中心财务科工作人员丁晨立案调查，采取留置措施。

此后，滨海县监委综合运用谈话、询问、讯问、调取、查封、扣押等调查措施，对案件事实、证据和程序的合规合法进行严格把关。

5 月 21 日，丁晨被解除留置移送检察机关。最终，法院审理认定的犯罪事实、罪名与指控实现“零差异”，在取证上实现“零补证”。

从采取留置到移送司法，仅历时 19 天，同时严格保证案件质量，充分反映了有效衔接司法的体制机制优势。

改革之后，各级纪检监察机关统筹运用“纪法两把尺子”，既坚持纪严于法、纪在法前，又注重纪法贯通、纪法衔接，贯通运用监督执纪“四种形态”。

四川遂宁市船山区纪委监委通过开展监察对象大摸底，搭建“廉情数据库”，定期动态分析廉情信息，建立负面清单，把监察对象的成长发展全过程、工作生活各领域、思想行为各方面都置于严格监督之下。

截至2019年1月，累计收集廉情信息391条，发出红色提醒通知书15张，取消年度评优评先资格；发出黄色提醒通知书1张，责令写出书面检查；发出蓝色通知书9张，由县级领导直接进行约谈，达到抓早抓小、防微杜渐的效果。

一年来，改革发挥的最突出效力就是强化了纪委监委的日常监督，有力防范“好党员”“好公职人员”沦为“阶下囚”的风险隐患。

2018年，全国纪检监察机关共运用监督执纪“四种形态”处理173.7万人次，同比增长32.0%。充分运用第一种形态，约谈函询、批评教育110.4万人次，占总人次的63.6%，依规依纪依法处理严重违纪违法涉嫌犯罪的党员干部5.5万人次，占3.2%，监督执纪由“惩治极少数”向“管住大多数”拓展。

一年来，坚持改革推进和法规制度建设相向而行，实现全面从严治党与全面深化改革、全面依法治国相统一。

《中国共产党纪律检查机关监督执纪工作规则》印发施行，党中央给纪检监察机关定制度、立规矩，强化纪检监察机关内部权力运行监督制约，推动建立起统一决策、一体运行的执纪执法工作机制。

中央纪委国家监委坚持“先立后破、不立不破”，把监委组建后迫切需要的制度、流程等建立起来。

出台《国家监察委员会与最高人民检察院办理职务犯罪案件工作衔接办法》《国家监察委员会管辖规定（试行）》《公职人员政务处分暂行规定》等30余项法规制度，制定信访举报、线索处置、审查调查、案件审理等方面制度规范，确保各项工作在规范化、法治化轨道上运行。

永不停歇 纵深推进——制度优势不断转化为治理效能

“因你局对涉农资金的行业监管存在漏洞，根据监察法第四十五条之规定，特提出如下监察建议，请认真予以整改落实……”

2018年3月，湖南长沙市长沙县监委向该县农林局发出监察建议书。犹如“当头棒喝”，该县农林局迅速行动，进行专项督查，共收集3个方面21条问题，督促各镇街、村（社区）逐一整改到位，并制定出台专门管理办法。

监察建议书的标本兼治作用，是制度优势转化为治理效能的生动案例。

中国科协党组成员、书记处书记陈刚，陕西省委原书记赵正永，国家烟草专卖局党组成员、副局长赵洪顺，中信集团有限公司原党委委员、执行董事赵景文……

2019年开年以来，中央纪委国家监委已经公开发布了4名中管干部接受审查调查的消息。

改革之后，中央纪委国家监委和各级纪检监察机关始终保持惩治腐败高压态势，决心不变、力度不减、尺度不松，推动反腐败斗争不断向纵深发展。

党的十九大以来至2018年底，中央纪委国家监委立案审查调查中管干部77人，给予党纪政务处分64人，涉嫌犯罪移送司法机关15人。

2018年，全国纪检监察机关共立案63.8万件，处分62.1万人，分别增长20.9%、17.8%，均创纪律检查机关恢复重建40年来的最高值。

在高压震慑下，全国共有2.7万名党员干部主动交代了违纪违法问题，包括艾文礼、王铁、李建华等中管干部在内的5000余名党员干部主动投案。

改革之后，纪检监察机关成为追逃追赃案件的主办机关，相关工作职能进一步整合，形成了更强大的工作合力。

2018年8月，国家监委首次联合最高法、最高检、外交部、公安部发布《关于敦促职务犯罪案件境外在逃人员投案自首的公告》，向外逃人员发出“最后通牒”，形成强大震慑。

国家监委以新身份亮相国际舞台，运用法治思维和法治方式开展追逃追赃的能力和水平不断提升，反腐朋友圈进一步扩大，2018年与16个国家商签引渡条约和刑事司法协助条约。

“天网2018”行动共追回外逃人员1335人，其中党员和国家工作人员

307 人，包括“百名红通人员”5 人，追赃金额 35.41 亿元人民币。

2018 年 8 月，浙江丽水市遂昌县派出大柘镇监察办成立不到一个月，就发现所辖后垄村报账员未能按规定发放有机肥，并有与后垄村干部共同侵占有机肥的问题。监察办查清问题后，对这名村级报账员职务违法问题进行了严肃查处。

改革之后，新增监察对象很大一部分是基层公职人员，监察权向基层的延伸拓展，打通了监察监督“最后一公里”，使群众身边的公职人员受到严密监督。

党的十九大以来，全国查处扶贫领域腐败和作风问题 14.9 万起、处理 20.1 万人，给予党纪政务处分 10.4 万人，移送司法机关 3300 余人；查处涉黑涉恶腐败和“保护伞”问题 13879 起，给予党纪政务处分 10415 人，移送司法机关 1899 人，人民群众的获得感、幸福感、安全感不断提升。

随着国家监察体制改革深入推进，改革形成的制度优势正不断转化为治理效能，不断提高反腐败工作法治化规范化水平，为新时代完善和发展中国特色社会主义制度、推进全面从严治党提供重要制度保障。

（新华社北京 2019 年 2 月 28 日电 新华社记者朱基钗）